Martina Pütz

Einfach präsentieren

Martina Pütz

Einfach präsentieren

Worauf es wirklich ankommt

Linde
international

Bibliografische Information der Deutschen Nationalbibliothek
Die Deutsche Nationalbibliothek verzeichnet diese Publikation in der Deutschen Nationalbibliografie; detaillierte bibliografische Daten sind im Internet über http://dnb.d-nb.de abrufbar.

ISBN 978-3-7093-0485-3

Umschlag: buero8
Satz: Strobl, Satz·Grafik·Design, 2620 Neunkirchen

1210 Wien, Scheydgasse 24, Tel.: 01/24 630
www.lindeverlag.de
www.lindeverlag.at
Druck: Hans Jentzsch u Co. Ges.m.b.H.
1210 Wien, Scheydgasse 31

INHALT

VORWORT

Gehören Sie auch zu den Menschen, die es schwierig finden, vor einer Gruppe zu sprechen? Wissen Sie auf einmal nicht mehr, wie Sie Ihre Hände halten sollen, sobald Sie präsentieren? Oder bereitet Ihnen schon der Gedanke an Ihren Auftritt mit PowerPoint-Charts Unbehagen? Willkommen im Club. Den meisten von uns fällt es schwer, (sich) ganz natürlich und souverän zu präsentieren. Dabei ist jeder fähig, sich und sein Anliegen mit den natürlichen Ausdrucksmitteln von Körper und Sprache zu vermitteln.

Erinnerungen an und Feedback zu Referaten in Schule oder Universität, Erfolgserlebnisse oder Misserfolge bei Projektvorstellungen im Meeting oder in PowerPoint-Präsentationen haben Ihr Bild und Ihre Meinung von sich selbst als Präsentator geprägt. Und Sie haben gesehen, wie andere sich und ihre Sache scheinbar perfekt darstellen. So haben Sie gelernt, wie Sie auftreten und präsentieren sollten, um bei anderen gut anzukommen. Vergessen Sie das.

In diesem Buch geht um das „Entlernen" all jener Gebrauchsanweisungen und Vorstellungen, wie „man" präsentieren muss, um erfolgreich zu sein. Jede Anleitung, die vorschreibt, wie ein Präsentator zu sein, aufzutreten und zu sprechen hat, zwängt diesen in ein Korsett. Je stärker aber Sie eine Rolle spielen oder fremden Konzepten folgen, desto weniger authentisch werden Sie wirken. Aufgesetzte Professionalität wird Ihre Zuhörer nicht wirklich überzeugen.

Vor Ihnen liegt kein wissenschaftliches Sachbuch, sondern ein Ratgeber, der Sie wie ein guter Freund an die Hand nimmt und Sie daran erinnert, was tatsächlich in Ihnen steckt. Er dient dazu, Ihnen eine neue Sicht auf sich selbst und die natürliche Kunst des Präsentierens aufzuzeigen und infolge dessen das Vertrauen in Sie selbst und in Ihre Ausdrucksmittel zu stärken. Über diesen Selbstausdruck sprechen wir; auch darüber, was ihn verhindert. Ich werde Ihnen zeigen, dass alle Techniken und Instrumente, die Sie für einen souveränen Ausdruck benötigen, längst Teil Ihres Repertoires sind. Sie benötigen nur die eigene Erlaubnis, diese in Präsentationen einzusetzen. Wenn Sie nicht mehr „Man tut das" in Präsentationen spielen, sondern Sie selbst – authentisch und präsent – sind, dann entfaltet sich Ihre natürliche

Auftrittskompetenz. Diese haben Sie schon unzählige Male bewiesen, wenn Sie anderen souverän und lebendig erzählt haben, was Sie zu sagen hatten.

Ein weiterer Schwerpunkt ist der strategisch sinnvolle Einsatz von PowerPoint-Charts. Sie werden erkennen, wie Sie sich dieses Werkzeug wahrhaft zunutze machen. Fast alle Präsentationen, die ich bisher gesehen habe – durch alle Branchen hinweg –, konnten mit wenigen Handgriffen verbessert werden. Dieses Wissen möchte ich mit Ihnen teilen. Der richtige Einsatz von Charts dient Ihnen als Präsentator und macht es wesentlich leichter, Ihren Inhalt gut zu vermitteln.

Mit konkreten Techniken und Tipps möchte ich Sie zudem im souveränen Umgang mit Fragen oder Störungen während Ihres Vortrags – wenn Ihr Monolog zum Dialog wird – unterstützen. Auch das Thema Lampenfieber und seine wahren Ursachen untersuchen wir gemeinsam und Sie finden alltagserprobte Methoden, um der übermäßigen Nervosität besser Herr zu werden. Als Besonderheit gibt es dann zum Schluss alle Tipps und Techniken in alphabetischer Reihenfolge zur Erinnerung. So haben Sie Gelegenheit, sich Ihre Präsentationsmittel immer wieder zu vergegenwärtigen.

Die beiliegende DVD „verbildlicht" viele Übungen und Tipps aus diesem Buch und soll Ihnen ein Gefühl für deren Umsetzung geben.

Jeder kann präsentieren. Dessen bin ich mir sicher und bisher hat mich noch niemand vom Gegenteil überzeugen können. Lassen Sie sich inspirieren und sehen Sie selbst, dass alles, was Sie für eine gute Präsentation benötigen, in Ihnen liegt.

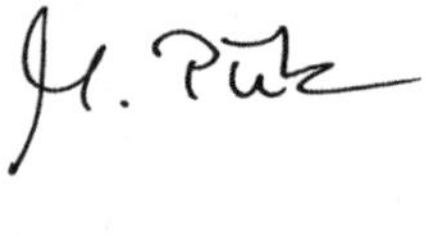

P.S. Ich möchte Sie in einen Dialog einladen und freue mich über Ihre Anregungen, Fragen und Feedback unter www.be-comm.de/buch.

Kapitel 1

Sie können bereits präsentieren - vollkommen und natürlich

Was steht tatsächlich zwischen Ihnen und Ihrem **souveränen Auftritt**? Erkennen Sie den „guten Grund", der Ihre **Selbstsicht** bisher bestimmt hat und die Basis für Unsicherheiten und Zweifel ist. Das erste Kapitel **entmystifiziert die „hohe Kunst der Präsentation"** und verhilft zu einer neuen Perspektive - auf Sie selbst und Ihren natürlichen Ausdruck.

Es gibt nur eines, was zwischen Ihnen und Ihrer guten Präsentation steht – und es sind nicht fehlendes Können, verbesserungswürdige Rhetorik, mangelnde Erfahrung oder das Wissen um professionelle Techniken –, es sind Sie selbst. Das größte Hindernis, das Ihrem souveränen Auftritt im Wege steht, ist Ihre eigene Überzeugung, dass Sie es nicht gut (genug) können.

Davon kann ich selbst ein Lied singen. Ob ich in der Universität ein Referat halten, im Meeting vor Kunden meine Idee erläutern oder in Business-Präsentationen mit PowerPoint und Beamer überzeugen musste, jahrelang war meine größte Sorge, nicht gut anzukommen. Infolge dessen habe ich innerlich stets ein Protokoll darüber geführt, was ich alles bedenken muss. Geholfen hat es mir nicht, denn diese Methode hat mir kein Gefühl von Sicherheit vermittelt. Je mehr ich von anderen hörte oder las, wie „man" professionell präsentiert, desto angestrengter wurde ich. Meine Kontrollliste wuchs ins Unendliche und jedes Feedback bestärkte mich in dem Gefühl, ich müsste in einer bestimmten Art auftreten. Vor lauter Sorge, die anderen könnten merken, dass ich nicht gut (genug) bin, habe ich mir selbst ein „Präsentationskorsett" angelegt und ein bestimmtes Auftrittsverhalten antrainiert. Ich dachte, dass ich nach Lehrbuch nun alles richtig mache und sich mein Wunsch nach Perfektion auszahlen würde. Weit gefehlt.

Mein Schlüsselerlebnis hatte ich in meiner Zeit als PR-Beraterin, als ich mit meinen Kollegen vor einem Kunden präsentierte. Mit meinem Nadelstreifenanzug habe ich mich in die Rolle der professionellen Präsentatorin begeben und mich an all das gehalten, was ich über das perfekte Präsentieren wusste. Zufällig hörte ich nach meinem Auftritt das Feedback zweier Teilnehmer: „Sehr professionelle Präsentatorin, aber irgendwie wirkte sie total aufgesetzt und nicht sehr überzeugend." Ich war völlig irritiert, denn ich hatte doch alles genauso gemacht, wie man es machen sollte?! Die Teilnehmer hatten trotzdem das Überspielen meiner Unsicherheit bemerkt. Unbewusst hatte ich zudem meine innere Angestrengtheit und (Selbst-)Zweifel ausgestrahlt – allen rhetorischen und professionellen Werkzeugen zum Trotz. Meine Präsentation wirkte nicht natürlich, und damit habe ich letztlich das Gegenteil von dem erreicht, was ich bewirken wollte. Dieses Erlebnis stellte mich vor die Frage: Was ist das tatsächliche Geheimnis einer souveränen Ausstrahlung? Und wenn der Weg, den ich bis dahin gegangen war, nicht zu meinem Ziel führte, was war dann die Lösung?

Souverän wirken wir dann, wenn wir uns sicher fühlen und auf unseren natürlichen Ausdruck vertrauen. Das tun die wenigsten, denn die meisten von uns können sich selbst als Präsentatoren nicht (positiv) sehen und haben zudem ganz konkrete Vorstellungen darüber, wie man es richtig macht. Feedback sowie der Vergleich mit anderen bestärken uns in unserem (negativen) Selbstbild. Fast ausschließlich fokussieren wir uns auf unsere Defizite: Was war schlecht? Wo habe ich versagt? Was hätte ich besser machen müssen?

Was steckt hinter diesem Muster? In Präsentationen möchten wir bei allen Zuhörern gut ankommen. Wir suchen nach Anerkennung und versuchen, über ein bestimmtes (richtiges) Verhalten soziale Erwünschtheit zu erzielen. Als Redner sind wir aus der Gruppe hervorgehoben, stehen im Fokus, und das schürt die Angst, nicht für gut befunden zu werden. Jeder kritische Blick, jede Zwischenfrage stellt uns in Frage. Dabei stellen wir uns nur selbst in Frage, denn wir wissen nicht, wie wir tatsächlich auf andere wirken. Prüfen Sie sich: Wie reagieren Sie, wenn Sie Ihre aufgezeichnete Präsentation anschauen? „Oh je, ich stehe aber komisch da. Oh Gott, die vielen „Ähms“. Ich fuchtle ja total mit den Händen. Meine Stimme hört sich schrecklich an und der Satz war rhetorisch totaler Mist. Zum Frisör muss ich auch.“ Kommt Ihnen das bekannt vor? So oder ähnlich bewerten wir uns selbst. Fast niemand denkt über sich selbst: „Gut gemacht! Ich habe mich und meine Idee natürlich und nach bestem Können vermittelt. Prima, meine Gestik hat lebendig unterstrichen, was ich gesagt habe.“ Wir haben es nicht gelernt, uns selbst anerkennend zu betrachten. Im Gegenteil – wir sind Meister in der Selbstkritik. Der tägliche Blick in den Spiegel beweist das. Wir selbst verweigern uns die Anerkennung, die wir von anderen gerne hätten.

Machen wir uns eines klar: Unsere (über)kritische Selbstbewertung hat wenig mit der Wahrnehmung unserer Zuhörer zu tun! Wir hinterlassen einen Eindruck bei unserem Gegenüber, der durch das Zusammenspiel von Körpersprache (Mimik, Gestik, Blickkontakt, Stimme und Körperhaltung) und Sprache (Wortwahl, Sprachfärbung) zustande kommt. Zusätzliche Faktoren wie der Inhalt der Präsentation, die Interaktion mit unseren Zuhörern, Merkmale wie unser Alter, Geschlecht, Nationalität und unser äußeres Erscheinungsbild (Kleidung, Accessoires) tragen selbstverständlich ebenfalls zu unserer Gesamtwirkung bei. Ausschlaggebend für unsere Wirkung sind vor allem aber unsere Körpersprache und Sprache. Laut einer Studie von Professor Albert Mehrabian entsteht der Eindruck von unserem Gegenüber zu 93 Prozent über die Körpersprache. Dieser setzt sich zusammen aus der Wahrnehmung der Stimme (38 Prozent) und zu 55 Prozent aus Mimik und Gestik. Der Inhalt (Wortwahl/Sprache) hat mit sieben Prozent einen sehr geringen Anteil an der Beurteilung der Person.

Die Wahrnehmung der oben beschriebenen Faktoren geschieht unbewusst, und nach Ihrer Präsentation wird kein Zuhörer A- oder B-Noten für Mimik, Gestik und Stimme verteilen, sondern einen Gesamteindruck und ein Gefühl für Sie haben. Sie sind der Transmitter Ihres Inhalts, denn Sie repräsentieren eine Idee, ein Unternehmen oder ein Produkt und dementsprechend sind Sie die wichtigste Größe in Ihrer Präsentation. Sie selbst sind der wichtigste Erfolgsfaktor; alles andere ist Beiwerk. Solange Sie nicht an sich glauben, werden Sie Ihre Selbstzweifel ausstrahlen. Diese sind in den meisten Fällen unbegründet und beruhen auf Ihrem unrealistischen Selbstbild.

Was führt dazu, dass wir uns selbst anders wahrnehmen als unser Publikum? Wie kommt unsere ganz persönliche (meist mangelhafte) Bewertung zustande?

Jeder Mensch besitzt seinen eigenen Wertekosmos, aus dem er seine Identität bezieht. „Ich bin ..." heißt die dazugehörige Formel. Geprägt wird unsere Wertewelt von Elternhaus, Erziehung, Erfahrungen, Religion, Medien, den Normen unserer Umwelt und den kulturellen Grundsätzen unserer Lebenswelt. Wir identifizieren uns mit Werten, bewerten unsere Erfahrungen und kategorisieren unsere Wahrnehmungen auf dieser Grundlage. Das ist der Job unseres Egos, des „inneren Wertewächters". Daran ist nichts auszusetzen, solange der „innere Kritiker" (auch eine Facette des Egos) nicht übermächtig wird und wir uns vor allem negativ sehen. Er gaukelt uns vor, wir seien unvollkommene Präsentatoren, und erinnert uns mit Vorliebe an vergangene Misserfolge sowie negatives Feedback. Mit dieser sehr einseitigen Beobachtung schwächen wir uns selbst (unseren Selbstwert). Für uns ist es völlig normal, die Mängel in den Vordergrund zu stellen und diese als Ansporn für Weiterentwicklung zu nutzen. Das ist wenig hilfreich, wenn wir dabei vergessen, was wir bereits beherrschen und worauf wir uns in uns selbst verlassen können.

In Bezug auf Ihren Auftritt heißt daher die wichtigste Frage: Können Sie Ihre Präsentationskompetenz trotz Blackouts, „Ähms" und zittriger Stimme anerkennen? Vermutlich nicht, denn der „Selbstkritik-Muskel" ist bei allen fast immer übertrainiert. Mir ist dieser „Muskel" bestens bekannt und es fiel mir damals extrem schwer, überhaupt etwas Positives in meinem Auftritt zu sehen. Dahingegen konnte ich das kritische Feedback oder den selbst bemerkten Patzer noch Tage später im Detail abrufen – und mich schlecht damit fühlen. Wie absurd! Denn mit diesem Verhalten habe ich mich nicht gestärkt. Im Gegenteil – es hat mich verunsichert. Ich konnte mich selbst nicht positiv sehen und egal welches Feedback ich bekam, gehört habe ich das negative.

Dasselbe erlebe ich heute in meinen Präsentationstrainings: Sogar Präsentatoren, deren souveräne und sympathische Wirkung von den Zuschauern bestätigt wird, können das Feedback nicht annehmen. Ihre eigene kritische Meinung sowie mangelnder Glaube an die positive Wahrnehmung dominieren die Selbstwahrnehmung. Negative Rückmeldungen akzeptieren wir viel schneller (und leichter) und machen diese zu unserer Wahrheit. Dabei ist Feedback von anderen doch nur eine Sicht auf uns, die durch den ganz persönlichen Wertekosmos des Betrachters begründet ist. Bevor wir in Zukunft Feedback von anderen als Wahrheit akzeptieren, sollten wir fähig sein, einen realistischen Blick auf uns selbst zu werfen. Indem wir uns selbst anerkennen, nehmen wir unsere Macht zu uns zurück und der Wunsch nach positiver Bestätigung steht dann nicht mehr im Vordergrund. Dies hilft uns, mit uns zufrieden und im Frieden zu sein. Selbstliebe ist das Geheimnis echter Souveränität.

„Die hohe Kunst der Präsentation" - ist gar keine

Jeder Mensch kann präsentieren. Sie auch. Meist geschieht dies völlig natürlich und ohne dass wir darüber nachdenken: Wir vermitteln unsere Sicht der Dinge und stellen uns dar. Wir präsentieren immer: in jedem Meeting, auf dem Flur, wenn wir dem Chef vom letzten Kundenbesuch berichten oder Freunden von unserem Urlaub erzählen.

Auch ohne Sie persönlich zu kennen weiß ich, dass Sie alles, was eine gute Präsentation ausmacht, anzubieten haben. Denn Sie wenden es täglich selbstverständlich an. Rufen Sie sich zum Beispiel in Erinnerung, wie Sie Freunden von einem Erlebnis erzählen oder Ihrem Kunden den aktuellen Projektstand schildern. Ich bin sicher, dass Sie dies nach allen Regeln der Kunst tun. Vermutlich unterstreichen in dieser Situation Ihre Hände, was Ihnen wichtig ist; die Stimme gibt Ihre Stimmung wieder; Sie schauen Ihre Zuhörer beim Erzählen an, während Ihre Mimik dies lebendig unterstützt. Wahrscheinlich machen Sie dramaturgische Pausen und geben den Inhalt anschaulich wieder. Sie benutzen kaum Ähms und Ihre Wortwahl ist adäquat und flüssig. Sie verleihen sich selbst Ausdruck, und das in einem Rahmen, in dem Sie sich sicher und wohl fühlen. So funktioniert normalerweise unser Selbstausdruck. Ganz selbstverständlich setzen Sie Ihre Instrumente ein, die Sie für einen überzeugenden Auftritt benötigen. Diese sind ausreichend. Mehr benötigen Sie nicht, um (sich) zu präsentieren.

Vermutlich werden Sie jetzt einwenden, dass es eine ganz andere Situation ist, vor Freunden oder wohlgesonnenen Kunden, in kleinen Gruppen, im Sitzen und ohne Technik zu präsentieren. Tatsächlich? Zunächst ist es doch nur die äußere Form, die Ihrem Monolog einen anderen Rahmen gibt. Und ja, Sie haben Recht: Ihr Gefühl ist ein anderes – Sie fühlen sich sicher –, und das verändert alles. Auch Ihre Wirkung.

Wenn wir uns sicher fühlen, machen wir uns keine Gedanken darüber, wie wir auf andere wirken. Wir denken nicht darüber nach, wie wir sein sollten. Wir sind authentisch und fühlen uns wohl. Unsere Ausdrucksinstrumente spielen wir unbewusst und leicht. In diesem Moment sind wir souverän, weil wir selbstsicher sind. Sobald wir in eine uns fremde Situation geraten oder uns die Routine fehlt, ist das anders. Wir lenken unsere Aufmerksamkeit auf unsere Zuhörer, fühlen uns beobachtet und nehmen uns plötzlich selbst wahr. Wenn es bei dieser reinen Beobachtung bliebe, hätten wir kein Problem. Daraus resultierende Gedanken wie „Jetzt habe ich ein „Ähm“ benutzt“, „den Satz wollte ich ursprünglich anders beenden und der Chef schaut etwas kritisch“, hätten nur eine neutrale Signalwirkung. „Aha“ anstelle von „oje“ bestimmt dann die innere Haltung. Leider sind unsere Beobachtungen immer mit einer Bewertung gekoppelt. Wir beurteilen uns sowie die Reaktion anderer und beziehen alles, was wir wahrnehmen, auf uns. Und das nicht zu unseren Gunsten.

Wenn Sie an sich selbst und Ihrer natürlichen Präsentationsfähigkeit zweifeln, helfen auch Ratschläge nicht weiter. So wie Sie eingestellt sind, so wirken Sie. Alle Mittel, die Sie einsetzen, können nur die Wirkung entfalten, die Sie ihnen geben – oder anders gesagt: „Ein Werkzeug ist so gut wie derjenige, der es benutzt."

Erkennen wir, dass wir bereits präsentieren können, wandeln wir unsere Sicht – auf uns und professionelles Präsentieren. In dem Moment, in dem sich unsere Einstellung verändert, verwandelt sich auch unsere Wirkung, denn unsere Ausdrucksmittel (Sprache und Körpersprache) reflektieren immer unsere innere Haltung. Innen wie außen. So wie Sie denken und sich fühlen, so wirken Sie.

Praxis-tipp

Das effektivste und langfristig erfolgreichste Training, um Sie für Ihren Auftritt zu stärken, ist einfach: Sie bauen ein Gegengewicht zur permanenten Selbstkritik auf und kräftigen den „Selbstwert-Muskel". Wie Ihnen das gelingt? Indem Sie erkennen, was Sie bereits können, und eine neue Sicht auf die wirklich wichtigen „Zutaten" einer gelungenen Präsentation finden. Dabei helfe ich Ihnen. Gemeinsam entmystifizieren wir die „hohe Kunst der Präsentation", und ich führe Sie zu den Mitteln, die der guten Inszenierung Ihres Inhaltes dienen. Und auch hier werden Sie erkennen, dass diese längst Teil Ihres Repertoires sind. Vermutlich habe Sie diese einfach nicht als solche erkannt oder sich bisher nicht erlaubt, sie in professionellen Redesituationen einzusetzen.

Trainieren Sie Ihren „Selbstwert-Muskel", indem Sie sich ab sofort ebenfalls auf das konzentrieren, was Sie bereits beherrschen. Üben Sie den anerkennenden Blick in den Spiegel. Das meine ich wörtlich und im übertragenen Sinn: Finden Sie etwas in Ihrem Auftritt, für das Sie sich selbst auf die Schulter klopfen. Sie haben flüssig gesprochen? Blickkontakt zu allen Zuhörern aufgenommen? Gelächelt? Gut gemacht!

Leichtigkeit ist die neue Maxime, die uns als Wegweiser für uns selbst und durch unsere Darbietung von Inhalten führt. Für die meisten von uns ist das ein völlig neues Konzept: Es darf leicht sein und Spaß machen. Und das ohne (neue) Checkliste oder Gebrauchsanweisung. Ich halte Ihnen in den nächsten Kapiteln immer wieder einen „Spiegel“ vor, damit Sie erkennen, dass alles, was Sie für Ihren Auftritt benötigen, einfach zur Verfügung steht. Und ich nehme Sie an die Hand, wenn es darum geht, alte Ansichten und „Präsentationskorsetts“ in Frage zu stellen und sich ihrer zu entledigen.

Mir gelingt es heute, mit wohlwollendem, (liebevoll) kritischem Blick auf mich und meinen Auftritt zu schauen. Ich denke nicht mehr über den Einsatz meiner Ausdrucksmittel nach und erlaube mir, diese selbstverständlich zu benutzen. Damit komme ich bei meinen Zuhörern viel besser an als mit aufgesetzter Perfektion – und wenn mir das gelungen ist, dann gelingt Ihnen das auch.

ZUR ERINNERUNG

Sie können bereits präsentieren, Sie können es (bisher) selbst nur nicht sehen bzw. bewerten es nicht so. Ihre Selbstsicht und die damit einhergehende Selbstbewertung bestimmt Ihre innere Haltung als Päsentator: So wie Sie sich fühlen, wirken Sie. Die Rückbesinnung auf Ihre natürlichen Fähigkeiten und das „Ent-Lernen“, was einen professionellen Präsentator vermeintlich auszeichnet, machen den Weg frei für Ihren natürlichen starken Auftritt.

Kapitel 2

Die Sprache des Körpers: Ihre Ausdrucksmittel natürlich nutzen

Die nun folgenden Tipps sind keine Gebrauchsanweisung, sondern dienen dazu, **Sicherheit und Entspannung in Körpersprache und Sprache** zu finden. Beispiele und konkrete Tipps für den natürlichen Gebrauch Ihrer Ausdrucksinstrumente werden Ihnen das **Sprechen vor einer Gruppe erleichtern**. Ziel ist es, dass Sie erkennen, dass Ihr natürlicher Ausdruck vollkommen (und) ausreichend ist.

Keine meiner angebotenen Hilfestellungen müssen Sie neu lernen, eher etwas Altes verlernen oder sich einfach nur die Erlaubnis geben, diese Mittel authentisch zu gebrauchen. Machen Sie sich frei von alten Checklisten und Vorstellungen, wie Ihre Körpersprache zu sein hat. Das stärkt Sie innerlich und hilft Ihnen, auf sich selbst zu vertrauen. Dann gestatten Sie sich und infolge dessen Ihrem Körper einen natürlichen Ausdruck für:

- Mimik: das, was im Gesicht passiert
- Kontakt: beim Thema Präsentation ist damit Blickkontakt gemeint
- Gestik: der Einsatz der Hände und Arme
- Haltung: Ihre Körperhaltung inklusive der Beinhaltung bzw. Ihres Standes
- Stimme: das Zusammenspiel aus Tempo, Betonung, Modulation und Lautstärke
- Sprache: authentischer Selbst-Ausdruck und die Wahl Ihrer Worte

Schauen wir uns die einzelnen Instrumente und deren Wirkung genauer an.

Ihre Mimik: Nur beim Pokern gewinnt das „Pokerface"

In Ihrem Gesicht lesen die Zuhörer (unbewusst) ab, was Sie selbst von der Sache halten. Stimmt Ihr Gesichtsausdruck mit dem überein, was Sie verbal vermitteln? Können Ihre Zuhörer in Ihrem Gesicht ablesen, wie Sie zu Ihrem Inhalt stehen, oder bekommen sie eine unbewegte Abbildungsfläche serviert?

Sie müssen keine Mimik üben, bitte nicht. Wenn wir plötzlich selber beobachten, was da so in unserem Gesicht passiert, wenn wir bewegt sind, dann ist das schon komisch oder auch seltsam. Für uns selbst. Für andere ist das eben Ihr Gesichtsausdruck, der das Gesagte bebildert. Für Nachrichtensprecher und Pokerspieler gilt das in dieser Form nicht. Denn hier sollen wir auf keinen Fall am Gesicht den Gemütszustand oder Bewertungen ablesen, wobei sich dieses „Gebot" im Vergleich zu früher auch bei Nachrichtensprechern deutlich gelockert hat. Beim Pokern nicht. Ein Gesicht, das bewegt ist,

ist unsere natürliche Ausdrucksform, authentisch und ehrlich. Beides suchen wir in unserem Gegenüber.

In Ihrem mimischen Repertoire gibt es eine „Geheimwaffe“: ein Lächeln. Ich habe gelernt, dass ein Lächeln, das von Herzen kommt, in jeder Kultur gleichermaßen ankommt: Gewinnend. Ein Lächeln wärmt an und wir erkennen sofort, ob es gezwungen oder aufgesetzt ist. „Dauergrinsen“ ist nicht die Empfehlung. Es geht um den natürlichen Gebrauch dieses Ausdrucks.

Sollten Sie gelernt haben, dass „man“ zu Beginn einer Präsentation lächeln sollte, prüfen Sie bitte eins: Wenn Sie sich nicht nach Lächeln fühlen, egal aus welchem Grund, dann lassen Sie es. Sonst geht es Ihnen nachher wie mir in einer meiner Präsentation. Vor lauter Angst, zu versagen, bin ich gefühlt tausend Tode gestorben. Aber ich wusste, dass ein Lächeln anwärmt und an den Anfang gehört. Leider hatte mein innerer Zustand zur Folge, dass ich ein sehr verkrampftes, beinahe „festgefrorenes“ Lächeln auf den Lippen hatte. Und es dauerte eine ganze Weile, bis ich mich und mit mir mein Gesicht entspannte. Das war anstrengend – für mich. Für meine Zuhörer sicher auch.

Wenn Sie sich nicht warm und herzlich verbunden mit Ihrem Auditorium, Ihrem Inhalt und Ihnen selbst in der Rolle des Präsentator fühlen, dann werden Sie trotz Lächelns auch nicht so wirken.

Praxis-tipp

Wie können Sie das ändern? Finden Sie Ihr Grundlächeln in sich. Das ist der Bereich in Ihnen, der schmunzelt, die Welt mit Humor betrachtet und liebevoll zu sich und anderen ist. Es ist eine innere Grundhaltung. Schenken Sie sich selbst ein liebevolles inneres Lächeln und beziehen Sie Ihr sorgenvolles Ego mit ein, ebenso die Situation und alle Anwesenden. Ein Lächeln aus dem Herzen lässt Sie von innen heraus strahlen. Oder Sie erinnern sich an eine Situation, die Ihnen ein Lächeln auf die Lippen zaubert. Mit diesem Gefühl starten Sie dann Ihren Vortrag. Und es ist auch völlig in Ordnung, ohne ein solches „Lippenbekenntnis“ zu starten.

Verbindung herstellen über Blickkontakt

In Präsentationen stellen Sie den Kontakt zu Ihren Zuhörern über den Blickkontakt her. Obwohl Sie einen Monolog halten, treten Sie doch in Interaktion mit Ihren Teilnehmern. Auch wenn Sie sich in keinem verbalen Dialog befinden, sind Sie in einem nonverbalen oder energetischen Austausch. Sie übermitteln etwas, Ihre Zuhörer empfangen und senden nonverbale Botschaften zurück. Diese nehmen Sie vor allem über den visuellen Kanal, Ihre Augen, auf und reagieren.

Blickkontakt ist einfach und bedeutend zugleich. Sie meinen Ihr Gegenüber, also sehen Sie ihn oder sie an, völlig natürlich. Da Sie die Präsentation für Ihre Zuhörer halten und zu ihnen sprechen, suchen Sie den Kontakt und stellen über die Augen eine Verbindung her. Diese dauert nur wenige Sekunden. Auch hier benötigen wir keine Anleitung für den angemessenen Blickkontakt, wir tun es einfach. Normalerweise. Denn wir möchten ebenfalls sehen, wie wir beim anderen ankommen, und das entnehmen wir seiner Körpersprache. Wir „lesen" zum Beispiel, was sein Gesichtsausdruck uns vermittelt. Das ist der Normalfall und das Standardprozedere in jeder Interaktion.

Wie verändert sich Ihre natürliche Kontaktaufnahme via Blick, wenn Sie nicht einen, sondern viele Gesprächspartner – zum Beispiel im Meeting – haben? Schauen Sie über die Köpfe einer für Sie anonymen Masse hinweg und streifen die Anwesenden flüchtig mit den Augen? Suchen Sie Sicherheit und Halt in Ihren Unterlagen oder PowerPoint-Charts und vermeiden es, Ihre Teilnehmer anzuschauen? Oder richten Sie Ihre besondere Aufmerksamkeit auf die für Sie wichtigsten Personen, die Ranghöchsten oder „Entscheider", und blenden alle anderen in Ihrer Ansprache aus? Keine der Varianten wird zu einem guten Eindruck und Verbundenheit mit Ihrem Publikum führen, außer bei den Personen, die tatsächlich von Ihnen angesehen werden.

Sollten Sie vor allem die „Entscheider" in Ihrer Präsentation (das gilt auch für Meetings) mit Ihrer Aufmerksamkeit beschenken, liegt dahinter eine Verführung Ihres Egos. Prüfen Sie für sich, ob Sie in Ihrem Vortrag immer wieder die Bestätigung der vermeintlich wichtigsten Person im Raum suchen. Wenn Sie sich ausschließlich auf diese Person konzentrieren, dann sind es auch nur seine nonverbalen Botschaften, die für Sie ein Feedback darstellen. Das ist irreführend und Sie wissen nicht, wer neben dem vermeintlichen „Entscheider“ hinter den Kulissen die Fäden zieht. Es sollte selbstverständlich sein, dass alle Zuhörer gleichermaßen und unabhängig von der Hierarchie von Ihnen gewürdigt und entsprechend gesehen werden.

Es hat Konsequenzen, wenn Sie bewusst oder unbewusst Teilnehmer übersehen, diese Personen also keines Blickes würdigen. Ihre Zuhörer werden den fehlenden Kontakt automatisch interpretieren und eine Botschaft darin sehen. Derjenige, der sich von Ihnen nicht gesehen fühlt, fragt sich: „Stimmt etwas nicht mit mir? Wieso übersieht der mich? Was bildet die sich denn ein? Bin ich niemand? Sie mag mich wohl nicht!“ Das könnte dazu führen, dass frei nach dem Motto: „Du siehst mich nicht? Dann sorge ich dafür, dass du mich hörst!“ Aufmerksamkeit über kritische Fragen erzwungen wird.

Fehlender Blickkontakt wird zum Synonym (äußeren Ausdruck) für eine innere Haltung von mangelnder Wertschätzung und Respekt. Infolge dessen finden wir den Redner unsympathisch. Wenn dies geschieht, wird es sehr schwer für Sie sein, andere für Ihren Inhalt zu gewinnen.

Dies gilt auch für die Situation, in der ein Redner mit seinen Blicken überall ist, nur nicht im Kontakt mit seinen Zuhörern. Gemeint ist der ständige Blick an die Decke oder auf den Boden, das Kleben am PowerPoint-Chart (egal ob er dieses vom Notebook oder von der Wand abliest) oder auch der Blick, der über die Menge hinwegschweift. Die Botschaft, die bei den Zuhörern ankommt, ist einfach: Sie fühlen sich weder angesprochen noch gemeint, und das wird zur Folge haben, dass auch sie wiederum ihre Aufmerksamkeit abschweifen lassen. Das ist keine gute Voraussetzung für eine gelungene Präsentation.

Sollte Ihnen auffallen, dass Sie als Präsentator ab und zu an die Decke oder auf den Boden schauen, machen Sie sich keine Sorgen. Es ist völlig normal und legitim, dass unser Blick ab und zu abschweift. Wir suchen nach dem nächsten Gedanken, dem nächsten Bild oder Impuls, und dabei schauen wir niemanden konkret an, sondern richten den Blick sozusagen nach innen. Der äußere Blick ist auf nichts Spezifisches gerichtet, ebenso wie der Blick auf den Boden. Niemanden wird dies stören oder unangenehm auffallen, wenn es nicht zu häufig geschieht. Sonst verlieren Sie den Kontakt zu Ihren „Mitreisenden“, die Sie auf Ihrer Reise durch Ihre Inhalte anführen. Der Eindruck, der dann von Ihnen als „Reiseleiter" entsteht, ist kein positiver und wird direkte Auswirkungen auf Ihre Zuhörer haben: „Sie weiß anscheinend selber nicht so richtig, wohin diese Reise führen soll. Ist wohl nicht gut vorbereitet ..." Daraus entsteht kein gutes Gefühl für die Teilnehmer Ihrer Präsentation. Das möchten Sie aber herstellen. Machen Sie sich daher bewusst, dass der Kontakt zu jedem einzelnen Zuhörer essentiell ist.

Wie gelingt Ihnen das bei großen Auditorien? Bei einer Zuhörerschaft von hundert oder mehr Menschen ist es unmöglich, mit jedem Einzelnen direkten Blickkontakt zu suchen. Sie hätten viel zu tun und wären vermutlich damit beschäftigt, Ihren Blick von Person zu Person „hüpfen" zu lassen. Für diesen Fall können wir uns eine Technik aus der Theaterwelt zu Nutze machen. Ich habe die kraftvolle Wirkung am eigenen Leib erfahren, und zwar insofern, als ich mich in einem Theaterstück spontan in einen Schauspieler „verliebt" habe. Er schaute mich immer an. So kam es mir jedenfalls vor und erst als ich selbst im Rahmen eines Schauspieltrainings auf der Bühne gestanden habe, wurde mir klar, dass dies gar nicht möglich ist. Geblendet durch die Scheinwerfer lassen sich die Zuschauer schwer wahrnehmen, geschweige denn echter Blickkontakt herstellen. Trotzdem war ich davon überzeugt, dass mich dieser Schauspieler immer wieder angeschaut hat. Die Lösung ist einfach: Er hat seine Aufmerksamkeit auf mich und meine Sitznachbarn gerichtet und uns alle, die wir dort saßen, angesprochen. Er hat uns gemeint und seine Energie dorthin gelenkt.

Für Ihre Präsentation bedeutet dies, dass Sie Ihren Blick auf eine Gruppe von Zuhörern lenken und zu diesen sprechen. Das ist das ganze Geheimnis. Achtung: Auch hier bitte ich Sie zu bedenken, dass dieser Tipp keine Technik ist, die Sie wie ein Kochrezept anwenden können und damit Erfolg haben werden. Es ist eine innere Haltung. Wenn Sie die Menschen nicht meinen, denen Sie gerade Ihre Beachtung schenken sollten (etwas anderes ist es doch nicht), dann kommt es auch so an. Richten Sie Ihre Aufmerksamkeit, Ihre Energie auf alle Ihre Zuhörer, Bereich für Bereich – das gilt auch für die hinteren Ränge –, *und* gehen Sie in direkten Blickkontakt mit jedem einzelnen Zuhörer, den Sie so erreichen können. Meinen Sie denjenigen, dann schauen Sie ihn selbstverständlich auch an.

Praxis-tipp

Ein kleiner Tipp, um es sich für den Anfang Ihrer Präsentation leichter zu machen, in einen natürlichen und lebendigen Kontakt mit Ihren Zuhörern zu treten: Finden Sie bei einer großen Zuhörerschaft die „Leuchttürme“ für sich heraus. Damit meine ich die Sie positiv verstärkenden Gesichter. Das werden die Teilnehmer sein, die Ihnen zunicken, Sie anlächeln oder andere nonverbale Zeichen der Anerkennung ausstrahlen und senden. Diese sind Ihre Anker oder Fixpunkte, von denen Sie selbstverständlich Ihren Blick weiter schweifen lassen. Sie möchten doch alle Menschen in Ihrem Vortrag erreichen, also sprechen Sie auch zu allen.

Denken Sie daran: Blickkontakt ist die Möglichkeit, Kontakt zu jedem Zuhörer herzustellen, und wirkt in zwei Richtungen: Wir lesen unser Gegenüber und reagieren darauf, und wir signalisieren dem anderen, dass wir ihn tatsächlich meinen. Das ist die Grundlage für jede gute Präsentation und nichts, was Sie lernen müssten. Seien Sie mutig und holen Sie sich die Botschaften in jedem Gesicht ab und seien Sie wertschätzend und interessiert an Ihren Zuhörern. Dann können Sie niemanden übersehen.

Ohne Gestik sprechen? Das ist Zurückhaltung am falschen Ort.

Lassen Sie uns mit einem Irrtum aufräumen: Immer wieder erzählen mir Teilnehmer meiner Seminare, dass man ihnen abgewöhnt hat, mit den Händen zu sprechen. In beruflichem Kontext geschieht dies mit der Begründung, es wirke besonders souverän und sei professionell. Manche begleitet der Satz „Fuchtel nicht so mit den Händen“ sogar schon seit der Kindheit. Mit der Folge, dass die Hände gar nicht oder nur äußerst spärlich zur Unterstreichung des Gesagten eingesetzt werden. Das ist unnatürlich und immer ein Zeichen von Zurückhaltung im Sinne von „sich selbst zurückhalten“. Es ist Ihnen normalerweise nicht möglich, ohne Gestik zu sprechen, zumindest nicht, wenn Sie selbst mit Ihrem Inhalt emotional verbunden sind. Ihr ganzer Körper will ausdrücken und unterstreichen, was Ihnen wichtig ist. Das ist professionell, souverän und vor allem eins: natürlich und authentisch.

Es ist daher nicht hilfreich, wenn für Redesituationen gesagt wird, dass man die Hände möglichst ruhig halten oder Gestik unterdrücken sollte. Wozu sollte das gut sein? Ihre Wirkung verändert sich in einer Art und Weise, die nicht hilfreich ist, um überzeugend und kraftvoll bei anderen anzukommen. Und es gibt einen Unterschied zwischen „Fuchteln" und normalem Gestikulieren. Mit den Händen zu fuchteln, ist der übertriebene Einsatz von Gesten während des Sprechens. Es ist eine Überbetonung, die z.B. aufgrund von Unsicherheit oder Aufgeregtheit passiert. Normalerweise legt sich das sehr schnell während des Sprechens.

Es gibt eine professionelle Redesituation, für die der sparsame Einsatz der Hände angebracht ist: Bei Medienauftritten oder Interviews im Fernsehen. Wenn Ihre Aussage im Fokus steht und diese in kürzester Zeit ankommen soll (bedenken Sie auch das Bildformat/den Ausschnitt im TV), sollten Gesten nicht ablenken. Für diese Situationen ist es hilfreich, Gesten zu reduzieren – aber nur in diesen.

In jeder Alltagssituation werden Sie entsprechend Ihrem Temperament gestikulieren. Normalerweise ohne es zu bemerken oder sich darüber Gedanken zu machen. Erst wenn Sie vor einer Gruppe stehend sprechen, dann fühlen sich die Arme plötzlich einen halben Meter länger an und Sie wissen auf einmal nicht, wohin mit den Händen. Ich höre immer wieder, dass in diesem Fall empfohlen wird, z.B. einen Stift mit nach vorne zu nehmen, denn das wirke souverän. Ich denke, dass ein Stift nur eine Funktion hat – er schreibt –, und wenn Sie ihn in einer Rede mit nach vorne nehmen, dann passiert eins: Sie spielen mit dem Stift, halten sich daran fest und Ihre Gestik wird automatisch reduziert und zurückgehalten sein. Bitte entscheiden Sie selbst, ob das souverän wirkt.

Wenn Sie eine Funkmaus benutzen, um Ihre PowerPoint-Charts weiterzuklicken, dann haben Sie etwas in der Hand, das eine strategische Funktion in der Präsentation hat. Das ist völlig in Ordnung, aber auch mit diesem Gerät wird die Gestik ein Stück weit reduziert, da wir uns daran festhalten.

Beim Thema Gestik geht es um „Entlernen“ und das erneute Vertrauen in den eigenen Ausdruck. Ihre gesamte Wirkung entfaltet sich in dem Moment, in dem Sie „vergessen“, sich zurückzuhalten, und einfach nur sind. Natürlich, bewegt, lebendig und damit sich und Ihrer Sache Ausdruck verleihen. Das gilt selbstverständlich nicht nur für den Einsatz der Hände, sondern für alle Instrumente.

Gestik bebildert perfekt, was Sie gerade sagen, und das geschieht automatisch. Bei jedem Menschen. Daher laufen Redner mit einstudierten Gesten Gefahr, aufgesetzt und unecht zu wirken. Wenn Sie Ihren Worten Ausdruck verleihen und etwas besonders hervorheben wollen, unterstützen das Ihre Gesten automatisch, ohne dass Sie darüber nachdenken müssen. Wenn Sie sich ein Drehbuch für Ihre Rede mit der „richtigen“ Geste schreiben, ist ein Teil von Ihnen damit beschäftigt, dies zu synchronisieren und für den richtigen Einsatz zu sorgen. Das geht sicher schief, da solche Anweisungen zeitversetzt passieren und die Geste dann nicht mehr zum Gesagten passt. Bei Ihren Zuhörern stellt sich ein Störgefühl ein.

Praxis-tipp

Geben Sie sich die (innere) Erlaubnis, Ihre Hände sprechen zu lassen. Die wissen genau, was sie wann zu tun haben. Das ist alles, denn Gestik kann man nicht trainieren und Sie brauchen es auch nicht. Ihre Gestik ist perfekt. Immer. Vor allem, wenn Sie nicht darüber nachdenken.

Ihre Haltung – innen wie außen

Ihre Körperhaltung ist eine direkte Abbildung Ihrer inneren Haltung. Wie (ver)halten Sie sich, wenn Sie als Redner im Mittelpunkt des Interesses stehen und von allen angeschaut werden? In dieser Situation wird den meisten Rednern ihr eigener Körper bewusst und das, was sonst natürlich und unbewusst geschieht, bekommt besondere Aufmerksamkeit. Auch in diesem Zusammenhang bin ich kein Fan von allgemeinen Anleitungen. Wie kann ein gut gemeinter Rat wie „Stellen Sie sich möglichst aufrecht und gerade hin und belasten Sie beide Beine gleichermaßen" für alle funktionieren? Zum einen ist es eine Frage der inneren Haltung, die unsere Wirkung bestimmt, und zum anderen wird diese Position individuell verschieden wirken. Wenn Sie sich nicht groß und stark fühlen, sondern sich lieber verstecken würden, wird die Ansage vermutlich zu einer Überspannung des Körpers führen. Damit machen wir dem kleinen Zinnsoldaten alle Ehre, wirken aber sicher nicht souverän.

Lassen Sie uns daher „von innen nach außen" arbeiten. Finden Sie eine innere Haltung von „stolz auf sich" oder „zufrieden mit sich sein" – und das vor der erbrachten Leistung. Sie können stolz auf sich sein, dass Sie sich dieser Situation stellen, den Mut haben, gleich aufzutreten, oder einfach nur wertschätzend mit sich selbst verbunden sein. Dieses Gefühl hat eine sofortige Auswirkung auf Ihre Körperhaltung. Sie werden automatisch den Kopf hoch halten, die Schultern nach hinten nehmen und sich in sich selbst aufrichten.

Praxistipp

Eine andere Möglichkeit, ein Gefühl von natürlicher Größe und gutem Standing (Gestandensein) zu erreichen: Stellen Sie sich vor (und tun es), dass Sie sich in sich selbst zu Ihrer wahren Größe aufrichten. Sie stehen in sich selbst auf und wachsen gefühlt nach oben, ganz entspannt und natürlich. Und noch ein bisschen weiter. Ihre Haltung ist dann königlich, aufgerichtet und präsent. Atmen Sie entspannt und bewusst in den Bauch ein und über die Füße in den Boden aus. Meine Empfehlung ist, dass Sie sich erden, d.h. sich für diesen bewussten Atemzug bildlich vorstellen, dass Sie sich mit der Erde verbinden und auf sicherem Grund stehen. Stellen Sie sich für diesen Moment mit gleichem Gewicht auf beide Beine. Später finden Sie den für Sie bequemsten Stand und variieren, wann immer Sie sich so fühlen. Auch hier gibt es kein Rezept, wie „man" sich hinzustellen hat. Finden Sie es für sich individuell heraus.

Der „zweite erste Eindruck“ und das gute Gefühl

Da Sie nicht *nicht* wirken können, präsentieren Sie bereits, bevor Sie auch nur einen Ton gesagt haben. In dem Moment, in dem Sie die „Bühne“ betreten, entsteht der „zweite erste Eindruck“ von Ihnen als Präsentator. Lassen Sie mich kurz erklären, was es mit dem zweiten ersten Eindruck auf sich hat. Auch wenn es zu Recht heißt: „Es gibt keine zweite Chance für den ersten Eindruck“, existiert in jeder Redesituation der Moment, in dem der Vortragende von seinen Zuhörern geprüft wird. Das geschieht gleich zu Anfang und ist der „zweite erste Eindruck“. Auf den ersten Eindruck haben wir wenig Einfluss, denn dieser geschieht automatisch, wenn wir uns das erste Mal sehen. Wir werden von unserem Gegenüber unbewusst „gescannt“ und blitzschnell eingeordnet. „Freund oder Feind“ heißt die Devise, ein Überbleibsel aus der Steinzeit, die unser Überleben sichert.

Bereits der Gang zum Rednerpult, wie Sie vorne stehen oder Ihr Publikum begrüßen, vermittelt den Zuhörern eine Vorstellung von Ihnen. Woraufhin Sie unbewusst untersucht werden? Ihre Teilnehmer erforschen, ob Sie ein gutes Gefühl entstehen lassen, und dieses ist die Weichenstellung für eine positive Haltung Ihnen und Ihrer Präsentation gegenüber.

In jedem Vortrag laden Sie Ihre Zuhörer zu einer Exkursion ein, in der Sie der Führer der Reisegruppe sind. Da niemand in Ihren Kopf sehen kann, weiß auch niemand, was der nächste Satz, das nächste Bild oder PowerPoint-Chart sein wird. Die Zuhörer folgen dem Redner blind. Dazu gehört Vertrauen. Man schenkt Ihnen Zeit und setzt voraus, dass Sie in der Lage sind, den Inhalt so zu vermitteln, dass alle etwas davon haben. Das ist die Sachebene. Auf der Beziehungsebene möchte jeder Teilnehmer ein gutes Gefühl zu Ihnen als Mensch haben. Strahlen Sie Respekt, Wertschätzung und Anerkennung für Ihre Zuhörer aus? Dieses menschliche Grundbedürfnis ist die Basis in jedem Kontakt und Sie werden unbewusst daraufhin angeschaut, ob Sie dieses erfüllen.

Es ist Ihre Persönlichkeit, die maßgeblich ein gutes Gefühl bei den Zuhörern entstehen lässt, nicht Ihr Fachwissen. Dieses ist nur zu etwa einem Drittel für Ihren „Verkaufserfolg“ ausschlaggebend. Sympathie ist der weitaus größere Faktor. Auf Präsentationen übertragen heißt das, dass ein uns unsympathischer Redner es sehr schwer haben wird, uns von seinem Inhalt zu überzeugen. Denn er repräsentiert diesen Inhalt. Mögen wir jemanden, dann bekommt diese Person einen „Vorschuss“ oder „Sympathiebonus“ und wir sehen über kleine Schwächen hinweg.

Im zweiten ersten Eindruck entscheiden wir, ob der Präsentator ein gutes Gefühl bei uns entstehen lässt und wir ihm die Führung übergeben. Erinnern Sie sich: Die Zuhörer „lesen“ Ihre Körpersprache und laut der Studie von Professor Albert Mehrabian entsteht der Eindruck von unserem Gegenüber zu 93 Prozent über die nonverbalen Botschaften. Aber Achtung: Der Umkehrschluss würde dann ja lauten: Ich muss nur gut wirken und der Inhalt meiner Aussage ist unwichtig. Das stimmt so nicht. Ich nutze diese Zahlen, um Ihnen vor Augen zu führen, wie entscheidend der zweite erste Eindruck in Ihren Präsentationen ist und worauf er sich tatsächlich begründet. Nicht PowerPoint oder perfekte Rhetorik sind es, die zu Beginn Ihrer Präsentation die Weichen zu Ihren Gunsten stellen. Und das gilt nicht nur für den Anfang, sondern ist das Grundprinzip für Ihren gesamten Auftritt.

Eine „Parkposition“ für Ihren sicheren Start

Um die Weichen im zweiten ersten Eindruck zu Ihren Gunsten zu stellen, biete ich Ihnen eine Art „körperliche Sicherheitsinsel“ an. Damit meine ich Ihre individuelle Ausgangshaltung und die „Parkposition“ für Ihre Hände. Finden Sie die für Sie persönlich beste „Parkposition“ heraus – und ich meine hier nicht Hosentaschen. Es kann sehr souverän wirken, wenn ein Redner sehr entspannt und locker mit einer Hand gestikuliert, während die andere Hand in der Hosentasche geparkt ist. Dennoch besteht die Gefahr, dass diese Haltung als zu salopp, nicht respektvoll und im schlimmsten Fall sogar machohaft oder „schnöselig“ bewertet wird. Vor allem bei jüngeren Männern. Meine Empfehlung an männliche „Hand-in-der-Hosentasche-Redner“ ist, die „Ein-Hand-Gestik“ lieber durch eine animierte und natürliche Gestik mit beiden Händen zu ersetzen. Dies gilt selbstverständlich auch für Präsentatorinnen, wobei ich persönlich allen Frauen von der Hand in der Hosentasche grundsätzlich abrate. Meines Erachtens steht uns das einfach nicht.

Ohne Hand in der Hosentasche wird die Körperhaltung sich insofern verändern, als mehr Spannung und Aufrichtung im Schulterbereich und Oberkörper geschieht. Das lässt Sie aufmerksam und präsent wirken.

Am Anfang der Präsentation wissen wir bekanntlich nicht, was wir mit den Händen tun oder wie wir sie halten sollen, wenn wir nichts zum Festhalten haben. Dabei gibt es für jeden von uns mindestens eine Ruheposition oder Starthaltung für Körper und Hände, die uns gut steht. Mit anderen Worten, die uns am Anfang souverän und sicher wirken lässt. Egal, wie es in uns aussieht, ob das Lampenfieber gerade das innerliche Ruder übernommen hat, wir können über diese Ausgangshaltung nicht nur den Eindruck von einem guten Standing vermitteln (denken Sie an den guten zweiten ersten Eindruck), sondern uns über diese Körperhaltung in Zukunft selbst ein Stück Ruhe und Entspannung anbieten. Wenn Sie wissen, dass diese Ausgangsposition gut wirkt, und Sie sich keine Gedanken mehr machen müssen, wohin mit den Händen, dann überträgt sich dies auch auf die innere Sicherheit.

Sollten Sie Ihre individuelle „Parkposition“ für sich auch gerne herausfinden wollen, fragen Sie ein paar Freunde nach ihrem Feedback, in welcher Ausgangshaltung Sie besonders souverän und sympathisch wirken. In dem Moment, in dem Sie die verschiedenen Haltungen alleine vorm Spiegel ausprobieren, schlägt Ihre innere Bewertungsinstanz zu und verhindert unter Umständen, dass Sie eine neue und für Sie ungewohnte Haltung in Ihr Repertoire aufnehmen. Wir sind in unseren Vorstellungen, wie eine bestimmte Haltung wirkt, sehr festgelegt und nehmen uns selbst meistens anders wahr als unsere Betrachter. Sie erinnern sich: Hier geht es um Ihre Wirkung auf andere und nicht darum, wie Sie sich bewerten. In den meisten Fällen können wir selbst nicht feststellen, in welcher Position wir auf andere sympathisch und sicher wirken. Lassen Sie daher andere Ihren Spiegel sein.

Lösen Sie sich von Verallgemeinerungen wie: „Hände vorne zusammen wirkt verschlossen“; „Hände hinter dem Rücken wirken zu dominant“ oder „man darf sich so am Anfang nicht hinstellen, weil das sonst unprofessionell rüberkommt“. Eröffnen Sie sich für eine neue Möglichkeit und die Erweiterung Ihres Handlungsrepertoires.

Praxis-tipp

Die Ausgangshaltungen, die Sie ausprobieren können, sind begrenzt:

- Hände hinter dem Rücken halten
- Hände vorne z.B. ineinander gefaltet hängen lassen oder mit einer Hand ein Handgelenk halten (beide Seiten ausprobieren)
- Hände und Arme an den Seiten hängen lassen (eventuell legen Sie die Hände leicht an die Außenseite der Oberschenkel)
- Hände auf der Höhe des Magens verschränken. Hier gibt es eine Bandbreite von Möglichkeiten: „Betende" Hände, Finger verschränkt; eine Hand liegt in der anderen wie beim Klatschen; eine Faust wird von der anderen Hand umfasst; Sie haken die Finger ineinander; Sie halten den Daumen fest; usw.

Die typische „Frau-Merkel-Geste", alle Fingerspitzen auf Bauchhöhe aneinanderzupressen, ohne dass die Handflächen sich berühren, empfehle ich nicht. Aber prüfen Sie für sich selbst, ob andere diese Geste bei Ihnen als natürlich und sympathisch empfinden.
Die Beinhaltung trägt selbstverständlich auch zum Gesamteindruck Ihrer Startposition in der Präsentation bei. Variieren Sie bei den verschiedenen Handhaltungen jeweils die Beinhaltung und prüfen Sie, wie sich Ihre Wirkung dadurch verändert. Stehen Sie auf beiden Beinen oder bequem, indem Sie ein Standbein belasten. Ihre „Spiegel" – Ihre Freunde – können Ihnen Feedback geben, wie Sie dabei wirken.

Vielleicht finden Sie andere Positionen – probieren Sie alle aus. Für Ihre persönliche Parkposition gilt: Auch wenn eine Haltung zunächst ungewohnt ist, müssen Sie sich darin wohlfühlen. Sonst wird diese Ausgangshaltung zur Verkleidung und kreiert den gegenteiligen Effekt, den wir erzielen möchten. Sie sollen sich ja sicher fühlen und dementsprechend zu Beginn Ihrer Rede auch wirken.

Sprechen wir kurz über eine Haltung, die zumindest für den Start nicht empfehlenswert ist: Die Arme über der Brust zu verschränken. Diese Haltung wird meistens weder als offen noch als zugänglich oder souverän bewertet. Selbst wenn Sie gar keine Einstellung von Ablehnung oder Verschlossenheit haben, wird Ihre Haltung vermutlich so interpretiert. Dies erschwert das Entstehen eines sofortigen guten Gefühls bei Ihrem Publikum. Das ist aber unser Ziel und wir sprechen immer noch über Ihre Wirkung zu Beginn Ihrer Präsentation: „Den Gewinner erkennt man am Start. Den Verlierer auch."

Sie möchten die Menschen in Ihrer Präsentation für sich gewinnen. Nehmen Sie daher eine Haltung ein, in der Sie im nonverbalen zweiten ersten Eindruck souverän, sympathisch und sicher wirken. Das meine ich innerlich wie äußerlich. Finden Sie Ihre innere Souveränität, dann brauchen Sie sich über die äußere Haltung keine Gedanken zu machen. In dem Moment, in dem Sie gerne vor Ihrem Publikum stehen und sich über die Chance freuen, Ihre Inhalte vorzustellen, geschieht der Rest von alleine. Daran arbeiten wir.

Noch ein wichtiger Hinweis: Lassen Sie sich nicht dazu verführen, wie eingefroren in der neu gefundenen Parkposition zu verweilen. Diese statische Haltung dient Ihnen nur für den Beginn Ihrer Präsentation. Denken Sie an ein Flugzeug – entweder es ist geparkt oder in Bewegung. Dasselbe gilt für Ihre Hände, sobald Sie Ihre Präsentation beginnen, sprich in Bewegung kommen. Sie nutzen die Parkposition nur für den Start oder wenn Sie zum Beispiel aufgrund von Fragen pausieren. Sonst lassen Sie Ihre Hände das tun, was sie perfekt können: Sie spielen die Klaviatur aller möglichen Gesten, die automatisch und natürlich unterstreichen, was Sie zu sagen haben.

Der Ton macht die Musik und Ihre Stimme die Stimmung

Was wäre eine Rede oder eine Präsentation ohne das Spiel der Stimme? Genau: monoton, langweilig und nichts sagend. Oder würden Sie den Worten alleine glauben? „Das ist für Sie die beste Lösung, um Ihre Zielgruppen zu überzeugen!" Ohne den richtigen Tonfall sind das nur Worthülsen. Jederzeit prüfen wir unbewusst das Zusammenspiel aller nonverbalen Instrumente und hören genau, ob der Sprecher das, was er sagt, auch so meint.

Unsere Stimme ist tonangebend und verpackt den Inhalt in „Musik". Das natürliche Zusammenspiel von Betonung, Modulation, Tempo und Aussprache wird ebenfalls von innen gesteuert. Ihr innerer Dirigent, basierend auf Ihrer inneren Einstellung und Bewertung der Situation, gibt den Takt vor. Laut oder leise, schnell oder langsam, sauber oder undeutlich – die Art und Weise, wie Sie sprechen, ist ein direkter Ausdruck Ihrer inneren Gestimmtheit.

Praxistipp

Wie können Sie dafür sorgen, dass Ihr Inhalt in einem angemessenen Tempo, deutlich und in angenehmer Lautstärke ankommt? Ich möchte Ihnen eine „Krücke" anbieten, den „Korkentrick". Dieser Trick aus dem Theater- und Schauspieltraining kann schnell Abhilfe schaffen und ich kann ihn aus eigener Erfahrung wärmstens empfehlen. Er wirkt Wunder, wenn Sie nuscheln, die Zähne nicht auseinander bekommen oder auch zu schnell sprechen. Klemmen Sie sich einen Weinkorken zwischen die Schneidezähne und sprechen Sie dann – am besten ohne Zeugen und ohne Spiegel. Sprechen Sie ein paar Sätze und wiederholen Sie diese noch einmal, nachdem Sie den Korken entfernt haben. Sie werden fühlen und hören, wie viel deutlicher und flüssiger Sie sprechen. Was hier passiert, nennt man „Überartikulation". Sie benötigen eine extreme Mundbewegung, um die Wörter verständlich herauszubringen. Das geht natürlich auch ohne Korken. Wenn Sie Ihren Fokus auf das ganz deutliche und sehr betonte Aussprechen legen, können Sie nicht mehr zu schnell sprechen – und nuscheln schon gar nicht. Probieren Sie es aus, Sie werden verblüfft sein, wie leicht deutliches Sprechen so geht. Denn Sie können entweder überdeutlich *oder* schnell sprechen. Mir hat diese Übung sehr geholfen, meine Aussprache und mein Tempo positiv zu verändern, und heute ist es eine Selbstverständlichkeit (eine Haltung) für mich. Der schöne Nebeneffekt ist, dass Sie als Redner dadurch kompetent und souverän wirken, denn Sie strahlen Ruhe und Klarheit aus, da Sie ebenso sprechen.

Wie wir sprechen, ist natürlich typ- und persönlichkeitsbestimmt. Wenn ein Mensch zum Beispiel sehr schnell spricht, dann hat das immer einen guten Grund. Vielleicht hat er die Erfahrung gemacht, dass man ihn dauernd unterbricht, und um dies zu umgehen, bringt er seine Sätze schnell zu Ende. Auch innere Begeisterung und Emotion bringen uns dazu, schneller zu sprechen. Aber auch die Einstellung: „Nichts wie weg von der Präsentationsbühne und raus aus dem Rampenlicht!“ führt dazu, dass ein Präsentator im ICE-Tempo durch seine Ausführungen rast. Das wird kein gutes Gefühl beim Publikum kreieren, sondern den Zuhörern auf Dauer zu anstrengend sein. Das gilt auch für fehlende Betonung, Modulation und Deutlichkeit der Aussagen. Undeutliches Sprechen wird zur Folge haben, dass Sie Ihre Zuhörer auf der Strecke verlieren. Das Gleiche gilt auch für zu langsames Sprechen, denn das wird schnell langweilig und die Konzentration wandert ab. Tempo ist die eine, Klarheit in der Aussprache eine andere Zutat für den guten Transport von Botschaften. Wir führen die Reise an und sind dafür verantwortlich, dass unsere Zuhörer dem folgen können, was wir ihnen vermitteln möchten.

Ein anderes Thema ist unsere Lautstärke, wie alles andere auch, gesteuert von Persönlichkeit und Prägungen. Sind wir lieber leise, damit man uns nicht so deutlich hört? Oder weil dann Fehler, die wir in unseren Ausführungen machen könnten, überhört werden? Es gibt Menschen, die bewusst leise sprechen. Nicht, weil sie ein Stimmproblem haben, sondern weil sie damit ihre Zuhörer „zwingen“, sich vollständig auf den Sprechenden zu konzentrieren. Das kann man machen, aber wozu dient es? Bin ich als Redner nicht dafür zuständig, dass die anderen hören, was ich mitzuteilen habe? Wir sorgen selbstverständlich dafür, dass dies für unsere Zuhörer leicht möglich ist. Auch hier ist meine Erfahrung, dass es nicht hilft, wenn man gesagt bekommt, man solle lauter sprechen. Wenn kein Stimmproblem vorliegt, gibt es einen anderen Grund. Wir tun nichts ohne guten Grund.

Wenn Sie einem introvertierten oder zarten Menschen sagen: „Sprich lauter“, wird die laute Stimme unnatürlich klingen. Kraftvoller zu sprechen, also mehr Energie in die Stimme zu legen, macht meiner Erfahrung nach mehr Sinn und erzielt eine andere Wirkung. Aber auch das funktioniert nur, wenn unsere Innenwelt zustimmt und erlaubt, dass wir deutlich und kräftig unsere Meinung vertreten. Folgende Übung unterstützt Sie dabei:

Ein Trick aus dem Gesangsunterricht ist, mit den Zimmerecken zu sprechen. Dafür richten Sie Ihre Stimme so aus, dass Sie den ganzen Raum füllen. Die Ziellinien sind dabei die Zimmerecken, nicht die Zuhörer. Wir benötigen automatisch mehr Kraft bzw. Energie in der Stimme, da sie weiter reichen muss. Sprechen oder präsentieren Sie vor mehreren Zuhörern, dann richten Sie Ihre Aufmerksamkeit und Kraft so aus, dass Sie den ganzen Raum mit Ihrer Stimme ausfüllen. Sie werden dadurch trotzdem nicht schreien, denn der Fokus ist ein anderer, sondern stärker und energisch wirken. Vergegenwärtigen Sie sich: An der Stimme hören die anderen, wie Sie sind. Kraftvoll? Voller Überzeugungskraft?

Die Stimme ist wie ein individueller Fingerabdruck und wird von anderen ohne Probleme als solcher akzeptiert. Wir selbst hören uns meistens nicht so gerne, aber für andere klingen wir völlig normal und angenehm. Ihre authentische Stimme hat die perfekte Passform und kommt an. Ihre Stimme sorgt für die Farbe und den Klang Ihrer Worte und ist das ausschlaggebende Instrument, um Emotion zu vermitteln. Sprechen Sie kraftvoll, dann werden Sie auch so wirken. Sind Sie bewegt, dann ist es Ihre Stimme auch. Das geschieht automatisch, ohne Ihr bewusstes Zutun.

ZUR ERINNERUNG

In Sachen Körpersprache gibt es nichts zu lernen – eher zu entlernen. Das Zusammenspiel aller nonverbalen Ausdrucksinstrumente wird durch Ihre innere Haltung gesteuert: innen wie außen. Eine Checkliste für Körpersprache ist daher kontraproduktiv. Sie wird dafür sorgen, dass Sie unnatürlich und im wahrsten Sinne des Wortes aufgesetzt wirken.

Vertrauen Sie auf Ihren natürlichen Ausdruck! Wenn Sie es zulassen, wird Ihr Gesicht belebt ausdrücken, was Ihnen wichtig ist; Ihre Hände werden lebendig und perfekt unterstreichen, was Sie hervorheben wollen; Ihre Stimme transportiert Ihre Emotion und sorgt für Stimmung, und wenn Sie Ihre Zuhörer meinen, schauen Sie diese selbstverständlich an. Sie verkörpern in vollkommener Art und Weise, was Sie vermitteln möchten.

Kapitel 3

Sprache: Nehmen Sie dem Sprachperfektionisten das Steuer aus der Hand

Vertrauen Sie auf Ihren **natürlichen Ausdruck** und plaudern Sie – im Sinne flüssigen Sprechens – mit Ihrem Publikum. Ihr normaler Wortschatz reicht hierfür absolut aus. In diesem Kapitel finden Sie die einfachste und eleganteste Möglichkeit, um **Blackouts zu überbrücken** oder lautmalerische Pausenfüller wie z.B. ein **Äh zu ersetzen**.

Die gute Nachricht zuerst: Sie benötigen kein Rhetoriktraining. Alles, was Sie brauchen, um sich gut auszudrücken, gehört zu Ihrem alltäglichen Werkzeug.

Nichts gegen das professionelle Beschäftigen mit der Kunst des Sprechens. Es gibt Bereiche, in denen Rhetorik zum „Spiel" gehört, wie zum Beispiel in der Politik. Aus langjähriger Erfahrung weiß ich, dass Rhetorik für das Gelingen einer Präsentation nicht ausschlaggebend ist. Nicht die verbale Verpackung entscheidet über die Gunst der Zuhörer, sondern Ihre Persönlichkeit. Sie möchten, dass man Ihnen über einen längeren Zeitraum aufmerksam und gerne zuhört. Glaubwürdigkeit, Vertrauen oder Sympathie sind auf der Beziehungsebene dafür ausschlaggebend, nicht die perfekte Wortwahl laut Lehrbuch. Worte verpacken Ihren Inhalt und das oberste Ziel ist, diesen verständlich zu vermitteln.

Unser sprachlicher Ausdruck wird nicht bewusst gesteuert. Er fließt aus uns heraus, ohne dass wir darüber lange nachdenken (können). Zumindest nicht, während wir sprechen. In dem Moment, in dem wir uns während des Sprechens bewusst wahrnehmen und zuhören, bewerten wir uns und reagieren sofort mit einer veränderten Körpersprache und Sprachwahl.

Haben Sie sich schon einmal selbst beim Sprechen zugehört und so etwas gedacht wie: „Oh nein, ich wollte doch etwas ganz anderes sagen. Das war rhetorisch ja wohl daneben."? Diese Selbst-Bewertung wird Sie nicht gestärkt haben. Im Gegenteil. Schlägt der Sprachperfektionist in Ihnen zu, dann strengen Sie sich an, besonders eloquent und wortgewandt zu sein. Als Folge liegt Ihre Konzentration auf der Suche nach dem vermeintlich perfekten Ausdruck und Sie verkrampfen sich. Ihre Aufmerksamkeit ist gebunden und Ihr natürlicher Sprachfluss gebremst. Dies ist das Gegenteil von souveränem Präsentieren.

Welche Rolle spielt unsere innere Bewertungsinstanz in der Rolle als Sprachperfektionist beim Wunsch nach tadellosem Ausdruck? Sie möchte Sicherheit und die Anerkennung der anderen. Wie immer. Aufgrund dessen formulieren viele Präsentatoren ihre Rede aus und tappen in eine Falle, mit der sie sich die Chance nehmen, frei und lebendig zu sprechen. Perfekte Sätze, die Sie aufschreiben, sind Schriftsprache und die folgt einem anderen „Modus" als das freie Sprechen. Während des Schreibens können Sie über

Satzbau und Wortwahl nachdenken und umformulieren, um den perfekten Ausdruck zu finden. Während Sie sprechen, können Sie das nicht.

Haben Sie schon einmal einen Präsentator erlebt, der seinen perfekt formulierten Text oder die Charts vorgelesen hat? Hat er dabei auf Sie überzeugend gewirkt?

Wahrscheinlich dürften Ihnen (bewusst oder unbewusst) der Einsatz der Hände, der direkte und offene Blickkontakt und das lebendige Sprechen gefehlt haben. Auch die Betonung der Stimme ist eine andere, wenn wir ablesen oder frei heraus sprechen. Die Konzentration des Vorlesenden liegt auf dem Reproduzieren des Inhalts. Vielleicht ist die Sprache dann besonders schön, doch meist wirkt ein Redner in diesem Fall nicht wie ein souveräner Lotse, der durch den Inhalt führt.

Wenn Sie frei sprechen, stehen Ihnen die Wörter zur Auswahl, die in diesem Moment Ihre innere Haltung und Ihr Gefühl ausdrücken. Das ist lebendiger und natürlicher Ausdruck, wie er in einem Gespräch entsteht. Eine Präsentation ist ein Gespräch – oder sollte es sein, wenn auch in Monologform. Natürliches Präsentieren gibt Zuhörern das Gefühl, dass Sie mit Ihnen sprechen, plaudern, sich ungekünstelt ausdrücken und nicht hinter dem Rednerpult verstecken. Ich meine dies wortwörtlich und im übertragenen Sinn.

Natürlich können wir uns auf wichtige Redesituationen vorbereiten, auch gerne in perfekter, ausformulierter Prosaform. Die Betonung liegt auf Vorbereiten. Für die Redesituation oder Präsentation benutzen wir dann nur einen Leitfaden, eine Art Regieanweisung mit den wichtigsten Stichworten und Kernaussagen. Genau hier kommen Ihre PowerPoint-Charts ins Spiel, die Ihnen sozusagen als sichtbarer Spickzettel die Schlüsselwörter für Ihre Ausführungen liefern. Das gleiche Prinzip funktioniert natürlich auch ohne Charts. Ihr Stichwortzettel, den Sie ganz entspannt während Ihrer Ausführungen benutzen, ersetzt dann das Chart. So bleiben Sie frei in der Wortwahl, lebendig und damit authentisch.

Ihre Aufgabe als Präsentator ist es, Ihren Inhalt für alle verständlich zu vermitteln. Ihr Ziel sollte sein, es Ihrem Publikum einfach zu machen, Sie zu verstehen. Es geht doch nicht darum, sich über den Einsatz möglichst vieler Fremd- oder Fachwörter zu profilieren, oder? Natürlicher Ausdruck schafft Nähe im Sinne von „Ich spreche Ihre Sprache".

Wenn ein Dialekt oder eine Sprachfärbung zu Ihnen gehört, behalten Sie diese auch in Ihrer Präsentation bei. Und natürlich sorgen Sie dafür, dass Ihre Zuhörer Sie verstehen können, denn das ist Ihre Pflicht als Redner. Sollten Sie Ihre Sprachfärbung nicht mögen oder denken, dass Sie damit weniger intellektuell oder professionell „rüberkommen“, werten Sie sich selbst ab und Ihr Auftritt wird sich dementsprechend verändern. Ihre Sprachfärbung gehört aber zu Ihnen wie Ihr Fingerabdruck und zeichnet Sie aus. Andere werden Sie in Ihrem individuellen Ausdruck annehmen – und das sollten Sie auch. Dann wird Energie frei, die Sie in Ihre lebendige und natürliche Präsentation fließen lassen und nicht länger in das krampfhafte Vermeiden von bestimmten Ausdrücken oder das Unterdrücken Ihrer normalen Sprachmelodie. Entspannen Sie Ihren inneren Bewerter und akzeptieren Sie Ihren individuellen Ausdruck auch in professionellen Redesituationen.

Als Rheinländerin passiert es mir immer wieder einmal, dass aus dem Tisch ein „Tich“ wird. Früher bin ich hochrot geworden und habe mich für diesen „Fauxpax“ entsetzlich geschämt und mich sogar dafür entschuldigt. Heute lache ich und kommentiere kurz, dass da die Rheinländerin in mir das Steuer übernommen hat. Oder ich korrigiere mich und spreche weiter. Diese Freiheit ist es, die wir uns selbst geben. Niemand anderes.

„Ähm“ oder der Mut zur Pause

Alle Hilfsmittel, die in normalen Gesprächen eingesetzt werden, stehen Ihnen auch in professionellen Redesituationen zur Verfügung. Öffnen Sie die Augen für den natürlichen Gebrauch Ihrer bisherigen Ausdrucksmöglichkeiten, die wir jetzt näher untersuchen. Diese sind auch in professionellen Redesituationen legitim. Nutzen Sie die nun folgenden Tipps und Tricks zur eigenen Unterstützung – und dann ein bisschen mehr Selbstvertrauen bitte. Sie beweisen es im Alltag doch immer wieder, dass Sie sich ausdrücken können.

Bleiben wir dem Sprachperfektionisten in uns auf der Spur. Denn dieser agiert aus der Befürchtung heraus, sich zu blamieren. Er möchte Sicherheit und diese scheint in dem perfekten Wort oder dem nächsten wohlformulierten Satz zu liegen. Wir suchen nach dem nächsten Satz und dann passiert es:

„Äh, was wollte ich eigentlich sagen? Ähm …“ Das kennen wir alle. Plötzlich sind sie da: die lautmalerisch unterlegten Sprech-Denk-Pausen, denn etwas anderes signalisiert ein Ähm nicht (wahlweise auch: hm, so, ich sag mal …). Eine Pause mit Soundtrack.

Warum benutzen wir diese Art von Füllwörtern bzw. Fülllauten? Wir suchen nach dem nächsten Gedanken, dem nächsten Wort oder Impuls und unserem Wertewächter kommt eine Pause in Stille seltsam, vielleicht sogar bedrohlich vor. Sollte eine (gefühlt) längere Sprechpause entstehen, denken wir: „Oh nein, wie unprofessionell. Jetzt denken alle anderen, ich habe den Faden verloren, weiß nicht weiter, bin nicht gut vorbereitet, also inkompetent …“ Uns bzw. unserem inneren Perfektionisten kommt es wie eine Ewigkeit vor, wenn wir einen Moment nach dem nächsten Satz suchen, und da die meisten diese Stille schwer ertragen können, schleicht sich ein Pausenfüller ein. Ähm …

Auch hier dürfen wir uns entspannen, denn im Normalfall stört das niemanden und im besten Fall überhören andere diese Ähms sogar. Sie fallen uns nicht auf, da wir auf anderes konzentriert sind. Wir nehmen eine Fülle von Impulsen wahr, sehen Charts, lesen die gesamte Klaviatur der Körpersprache des anderen und müssen dann noch den Inhalt nachvollziehen – da bleibt keine Aufmerksamkeit für kleine Pausenfüller. Allerdings nur dann, wenn sie selten vorkommen und wenn der Redner schon das Gefühl bei uns hinterlassen hat, dass er sicher ist in dem, was er sagt und verkörpert. Wenn wir ihm gerne zuhören, sind Ähms kein Problem. Wenn dies nicht der Fall ist und die Pausenfüller gehäuft vorkommen, dann gilt das Gleiche wie für den Blick an die Decke, den wir unter dem Stichwort „Kontakt herstellen“ schon untersucht haben. Dann empfangen wir unbewusste die Botschaft des Präsentators: „Ich weiß gerade auch nicht, wohin die Reise geht. Ich bin weder sortiert noch wirklich im Thema.“ In diesem Moment rücken die „Ähms“ ins Bewusstsein und nerven. Da es in Präsentationen einen großen Höflichkeitsbonus gibt, werden die Zuhörer ausharren. Vermutlich schalten sie innerlich ab und hören nicht mehr aufmerksam zu – und das kann nicht in unserem Sinne sein.

Praxis-tipp

Wie lösen Sie das Dilemma zu häufiger Füllaute? Sie benötigen nichts weiter als die innere Erlaubnis, um ein Ähm zu vermeiden. Nehmen Sie sich die Freiheit, stattdessen eine kurze Pause zu machen, Luft zu holen und sich kurz zu sortieren. In Redesituationen und Präsentationen hat eine Pause dramaturgischen Wert und unser Monolog wird dadurch „gewürzt". Das ist eine Möglichkeit. Die andere ist die Technik des „Sprech-Denkens".

Souveräne Führung dank „Sprech-Denken"

Überbrücken Sie Ihre Suche nach dem nächsten Satz nicht mit einem Äh, sondern mit Worten. Es ist so einfach, dass Sie sich wahrscheinlich fragen werden, warum Sie diese kleine Technik nicht schon immer benutzt haben. Nun, Sie haben sie schon immer benutzt, zumindest in alltäglichen Gesprächssituationen und ohne darüber nachzudenken. In Situationen, in denen wir uns sicher und wohlfühlen, in denen es um nichts geht, da erlauben wir uns, uns sprachlich laut zu sortieren: „Warten Sie, lassen Sie mich kurz überlegen … Also ich glaube …". Oder: „Mir geht gerade so viel durch den Kopf. Wie fange ich am besten an …".

Warum benutzen wir diese Möglichkeit nicht genau in den professionellen Situationen, in denen wir unseren Punkt möglichst klar und präzise darstellen wollen? Auch hier stellt sich das Ego, in Form des Perfektionisten, wieder quer. Im Kopf haben wir eine genaue Vorstellung davon, was wir wie zu sagen haben, was bei anderen ankommt oder rhetorisch erstrebenswert ist. Vor allem in beruflichen Gesprächssituationen. Das Streben nach Perfektion, die hohe Erwartung an uns und die damit einhergehende Bewertung „Das macht man so", „Die anderen kriegen das doch auch hin", „Wieso fehlen mir immer die Worte?" blockieren uns. Wir blockieren uns. Ihre innere Bewertung baut diese Blockade noch aus und dann geht gar nichts mehr. Stammeln, Ähms, Wortblasen entstehen.

Praxis-tipp

Sprech-Denken oder Laut-Denken ist die einfachste und hilfreichste Technik, die ich für diesen Fall kenne. Geben Sie Ihren Gedanken, dem Suchen nach dem richtigen Wort einfach Ausdruck. Kommentieren Sie kurz (positiv), was Sie gerade tun: Ich suche nach dem richtigen Wort ... Ich muss mich kurz sortieren ... Was ist mein nächster Punkt ... Lassen Sie mich kurz nachdenken ...

Dies wirkt souverän, Sie bleiben in der Führung, selbstermächtigt. Ihre Zuhörer wissen dann, wohin die Reise geht, und können Ihnen folgen. Das Gute an dieser Technik ist, dass Sie diese nicht einmal neu zu lernen oder zu üben brauchen. Sie ist Bestandteil Ihres täglichen Repertoires. Es ist nur die Erlaubnis, die Sie sich selbst geben, gerade in schwierigen und für Sie wichtigen Situationen. Nehmen Sie die Bewertung heraus. Wer hat gesagt, dass man nicht auch in den wichtigsten Gesprächssituationen nach Worten suchen darf? Geben Sie Ihren Zuhörern ein Zeichen, indem Sie sprech-denken. Da Ihnen niemand in den Kopf und hinter die Stirn gucken kann, ist es ein Zeichen von Wertschätzung Ihren Gesprächspartnern gegenüber, wenn Sie diese kurz wissen lassen, was Sie gerade tun.

Gehen wir einen Schritt weiter: In Präsentationen ist eine der häufigsten Ängste, den Faden zu verlieren. Was ist daran schlimm? Meiner Meinung nach nichts, es sei denn, Sie überspielen es und fangen an, sich um Kopf und Kragen zu reden. Ihre Zuhörer nehmen dann die Veränderung Ihrer Körpersprache und Sprache wahr, ohne den Grund dafür zu kennen. Haben Sie wirklich versagt, wenn Sie trotz guter Vorbereitung einmal (oder zweimal oder dreimal in einem längeren Redebeitrag) nicht sofort weiter wissen? Schöne Grüße an Ihren inneren Perfektionisten – bzw. an die Facette Ihres Egos, die Sie das gerne glauben machen möchte.

Wie gehen Sie mit einem wirklichen „Blackout“, also dem Moment, in dem Sie nicht nur nach dem nächsten Wort suchen, sondern wirklich den Faden verloren haben, professionell um? Geben Sie es zu. Niemand von Ihren Zuhörern wird verstehen, wenn Sie plötzlich fahrig werden oder Ihre eigenen

Aussagen verwässern. Wie auch, sie wissen doch nicht, was als Nächstes kommen sollte. Also: Sprechen Sie darüber. In den meisten Fällen stehen Ihnen die Teilnehmer Ihrer Präsentation bei und geben Ihnen ein Stichwort. Im Zweifelsfall ernten Sie noch einen Sympathiebonus (nein, kein Mitleid) und werden menschlich, denn jeder im Auditorium kennt diese Situation und wird Mitgefühl und Verständnis für Sie haben.

Praxistipp

Wenn Sie mit PowerPoint-Charts präsentieren, dann gibt es eine weitere, sehr souveräne Art, mit einem „Blackout" umzugehen: Klicken Sie eine Folie vor oder zurück und begleiten dies mit Sprech-Denken. „So, jetzt habe ich gerade den Faden verloren. Lassen Sie mich kurz schauen, was mein letzter Punkt war." Oder: „Jetzt weiß ich gerade nicht, was mein nächster Punkt ist. Lassen Sie mich kurz auf die nächste Folie schauen ..." Dann tun Sie das, springen wieder an den Ausgangspunkt zurück (auch auf dem Chart) und sprechen weiter. So bleiben Sie die ganze Zeit in der Selbst-Führung, und indem Sie sich führen, führen Sie alle anderen, die Ihren Ausführungen blind folgen. Das ist souverän.

Entspannen Sie sich – denn genau hierzu dient die Technik des Sprech-Denkens. Sie können in jeder Situation (vielleicht nicht gerade vor dem Traualtar) mit dieser Technik sich selbst ein wenig Luft zum Nachdenken, Sortieren oder Neuformulieren erschaffen. „Lassen Sie mich zum nächsten Punkt kommen ..."

Wenn Sie überzeugen wollen, packen Sie den „Weichspüler" weg

„Also, ich habe mir überlegt, dass es doch eigentlich ganz interessant für uns sein könnte, wenn wir vielleicht einmal über xy nachdenken würden ..."

Kennen Sie solche Sätze? Ich nenne diese Art der Formulierung „Weichzeichner-Sprache“ oder „Hintertürchen-Sprache“. Sie ist der Tod der Überzeugungskraft, denn sie verrät die eigene Unsicherheit oder Zweifel. Der Einsatz von Konjunktiv und Füllwörtern wie „eigentlich, irgendwie, vielleicht, manchmal usw.“ verwässert Ihre Aussage und lässt Ihrem Zuhörer die Wahl, wie überzeugend er Ihre Ausführung empfindet. Wenn Sie etwas präsentieren, dann doch, weil Sie Ihre Meinung darstellen oder andere zu Ihrer Sicht der Dinge führen möchten. Dann sollte Ihre (Aus-)Führung so klar und eindeutig sein, dass Ihre Zuhörer die Dinge so sehen und verstehen können, wie Sie es beabsichtigen. Die Weichzeichner verringern diese Chance.

Prüfen Sie Ihren eigenen Sprachgebrauch: Wann verwenden Sie Wörter wie eigentlich, man, irgendwie, vielleicht …? Und wer ist „man“ bzw. wann ist der Gebrauch angemessen? Verstecken wir uns hinter dem unpersönlichen Wörtchen „man“? Es impliziert: „Alle anderen denken oder tun das so, ich sehe das nicht alleine in der Form.“ Das ist in Ordnung. In den Situationen, in denen Sie aber Ihre Sicht der Dinge darstellen möchten, sollte auch eine „Ich-Aussage“ erfolgen, konkret, stark und ohne Verwässerung. Sie bekommen Profilschärfe und demzufolge auch die Sache, für die Sie stehen, wenn Sie sich konkret zeigen. Dazu gehört ein eindeutiger Ausdruck.

Weichzeichner an den Stellen, an denen wir überzeugend unsere Sache vertreten wollen, sind immer ein Hinweis auf innere Unsicherheit oder Vorsicht. Wenn wir etwas konkret und klar ausdrücken, sind wir eher angreifbar. Wir stellen eine Behauptung auf und vertreten unsere Meinung. Ihr Gegenüber könnte dies natürlich ganz anders sehen, also nehmen wir uns und unsere Aussage zurück, machen die Hintertüren auf, um nicht anfechtbar zu sein, anderen nicht zu nahe zu treten oder uns selber nicht zu sehr in den Vordergrund zu stellen. So vergeben wir die Chance, auf andere von unserer Sache überzeugt zu wirken und unsere Zuhörer dafür zu gewinnen.

Selbstverständlich gibt es Gesprächssituationen, in den es absolut angebracht ist, weich und vorsichtig zu formulieren, z.B. wenn wir anderen ein Feedback geben oder nicht sicher sind. In Verkaufssituationen aber, und Präsentationen sind genau diese, gilt es stark und überzeugend Ihren Inhalt vorzutragen. Ohne Zweifel und Verwässerungen.

Was können Sie tun, um in Zukunft überzeugend und stark zu sprechen? Lassen Sie die Weichzeichner weg. Ich bezeichne das als „starke Sprache". Der Beispielsatz von eben würde dann lauten: „Ich bin der Meinung, dass es für uns wichtig ist, über xy nachzudenken, denn ..." Oder noch stärker: „Wir müssen über xy nachdenken, weil ..." Hier folgen dann Ihre Argumente.

Praxistipp

Wie können Sie in Zukunft Weichzeichner-Sprache reduzieren? Indem Sie Ihr Bewusstsein für den Einsatz von Weichzeichnern schulen. Zunächst nicht bei sich selbst, sondern bei anderen. In dem Moment, in dem Sie sich selbst in der Hubschrauberperspektive auf Weichzeichner überprüfen, wird es für Sie schwer bzw. unmöglich, noch präsent zu sein und sich auf den tatsächlichen Inhalt zu konzentrieren. Üben Sie, indem Sie andere in Gesprächen auf den Gebrauch von Weichzeichnern beobachten. Allerdings nicht im Dialog mit Ihnen, denn dann sind Sie nicht auf den Inhalt konzentriert. Nutzen Sie Meetings, Redesituationen oder Präsentationen, in denen Sie nicht aktiv sind, und bekommen Sie ein Gefühl für das Schwächen von Aussagen durch verbale Verwässerungen. Im zweiten Schritt natürlich auch in Ihrem eigenen Sprachgebrauch.

Sollte es Ihnen in einer wichtigen Präsentation passieren, dass Sie Ihre Aussage abschwächen, und Sie bemerken das, dann kann die Technik des Sprech-Denkens Sie auch hier unterstützen. Kommentieren Sie es kurz, vielleicht in der Art von: „Das ‚eigentlich' streichen wir, denn ich meine ganz konkret ..." Was spricht dagegen, dies zu tun? Sie haben doch das Steuer in der Hand und können sich selbst verbessern, Ihre Aussage jederzeit zielführend korrigieren.

Noch eine Empfehlung: In Situationen, in denen Sie andere überzeugen wollen, streichen Sie das Wort „versuchen" aus Ihrem Wortschatz. „In meiner Präsentation werde ich versuchen ..." Mit diesem Satz ist ein mögliches Scheitern bzw. die Möglichkeit des Nichtgelingens angekündigt – und das ist sicher nicht in Ihrem Sinne.

ZUR ERINNERUNG

Auch unsere Wortwahl wird automatisch (von innen heraus) gesteuert. Eine Checkliste für die „richtigen", rhetorisch perfekten Wörter zwängt Sie in ein Korsett und arbeitet gegen Ihren natürlichen und lebendigen Ausdruck. Auch in professionellen Redesituationen dürfen Sie sich korrigieren, sich eine kurze Denkpause verschaffen oder nach dem nächsten Wort suchen! Sollte der Faden reißen oder der Weichzeichner zuschlagen, bleiben Sie gelassen. Sie wissen, dass und wie Sie sich verbessern können: Mit der Technik des Sprech-Denkens kommentieren und überbrücken Sie die Situation. Damit sorgen Sie selbst für Ihre Entspannung und bleiben in Führung.

Kapitel 4

Gewinnen Sie Profil mit einer sympathischen Selbstdarstellung

Machen Sie es Ihren Zuhörern leicht, Ihnen und Ihren Ausführungen gerne zu folgen. Zeigen Sie sich als Mensch (und Experte) und seien Sie nahbar. Mit wenigen **ausgewählten „Zutaten“** gelingt Ihnen dies bereits in und mit Ihrer persönlichen Vorstellung. Mit diesem Kapitel sorgen wir dafür, dass Ihre **Selbstdarstellung gelingt**.

Ihre Zuhörer möchten gleich zu Beginn wissen, mit wem sie es zu tun haben. Aus diesem Grund gehört die Vorstellung aller Präsentatoren an den Anfang, unabhängig davon, ob Sie alleine oder im Team auftreten. Bitte unterbrechen Sie den Fluss der Präsentation nicht mit einer späteren „Ich-Präsentation". Zwei Wege stehen Ihnen in der Teamvorstellung offen: Der Teamleiter präsentiert das Team oder jeder Präsentator stellt sich selbst vor. Beides hat Charme und Vorteile.

So wie der Kollege oder Chef über die Präsentatoren spricht, werden die anderen diese zunächst einmal wahrnehmen. Für den Fall, dass Sie Ihre Kollegen positiv darstellen und zu deren gutem Eindruck beitragen möchten, heben Sie deren positive Eigenschaften und Kompetenzen hervor. Teilen Sie Ihrem Publikum die wesentlichen Faktoren, wie z.B. Position und Bereich im Unternehmen, mit. Wählen Sie starke Attribute, wenn Sie von den einzelnen Personen sprechen: „Martin Schmidt ist bei uns Experte für…; Daniela Sperling ist bei uns im Haus verantwortlich für…; Holger Fink ist zuständig für den Bereich XY und hat immer wieder bewiesen, wie kreativ und lösungsorientiert er das Thema XY angeht." Mit diesem „Vorschuss" werden Ihre Co-Präsentatoren von Ihrer Zielgruppe anders empfangen und Sie bereiten den Boden für deren Auftritt vor. Es ist selbstverständlich, dass Sie nur Tatsachen beschreiben und diese in einer realistischen Form. Eine Erwartung in Bezug auf einen Redner zu kreieren, die dieser nicht erfüllen kann, ist kontraproduktiv und wird es dem Betreffenden schwer machen, zu bestehen.

Wenn Sie das gesamte Team vorstellen, dann sollten Sie alleine „auf der Bühne" stehen, es sei denn, Ihr Publikum kann die anderen Präsentatoren sonst nicht sehen. Vermeiden Sie, dass Ihre Kollegen ohne aktive Funktion auf der Bühne lange (herum)stehen. Da man nicht *nicht* präsentieren kann, wirken Ihre Kollegen ebenfalls und trotz individueller Parkposition wird dies irgendwann anstrengend. Gerade die unerfahrenen Präsentatoren werden es Ihnen danken, wenn sie zunächst ein wenig entspannen und mit „Rückendeckung" sitzen können, bevor sie dann nacheinander selbst vor das Publikum treten.

Praxis-tipp

Ein Wort zum „strategischen Sitzen“: Positionieren Sie sich und Ihre Kollegen doch so in der Sitzordnung, dass Sie nicht alle nebeneinander und die Teilnehmer Ihnen gegenübersitzen. Das nennt man Opposition – und Ihr Ziel ist es doch, einen Schulterschluss herzustellen, nicht Konfrontation, oder? Lassen Sie Ihr Team auf beiden Seiten des Tisches oder Raumes Platz nehmen. Wie sonst wollen Sie miteinander in Blickkontakt sein?

Der Vorteil in der individuellen Selbstdarstellung ist, dass Sie die Gestaltung selbst in der Hand haben und den Zuhörern Gelegenheit geben, einen echten zweiten ersten Eindruck von Ihnen zu gewinnen. In dem Moment, in dem wir von jemand anderem präsentiert werden, haben wir keine Steuerungsmöglichkeit. Gesagt ist gesagt. Deshalb entscheiden Sie bitte für sich und gemeinsam mit dem Team, ob Sie lieber selbst verantwortlich für Ihre Darstellung sein möchten.

Wenn Sie alleine präsentieren und von Ihrem Gastgeber (Kunden, Konferenzleiter oder Moderator) vorgestellt werden, dann gibt es eine feste Regel: Sie widersprechen dem Präsentator, der Sie nach bestem Wissen und Gewissen gerade vorgestellt hat, nicht oder kritisieren das Gesagte. Wenn Sie den Eindruck haben, dass Ihnen diese Fremdvorstellung nicht zum Vorteil gereicht, dann greifen Sie ein Stichwort Ihres Vorredners auf und rollen sich nun im besten Sinne selbst den Teppich aus. Ergänzen heißt das Zauberwort: „Lassen Sie mich kurz ein paar Informationen zu meiner Person ergänzen/hinzufügen …“

Grundzutaten und besondere „Gewürze“ für Ihre Selbst-Präsentation

Die klassischen Bestandteile sind Ihr Name, Ihre Position im oder der Name des Unternehmens, und vielleicht sprechen Sie noch davon, was Sie vorher gemacht haben. Gut. Daran ist nichts auszusetzen. Aber was erfahren Ihre

Zuhörer so von Ihnen? Das ist das Minimum an Informationen, die „harten Fakten“, die Ihnen nicht besonders viele Profilierungsmöglichkeiten bieten. Sie möchten aber doch bereits an dieser Stelle eine positive Beziehung zu Ihren Zuhörern herstellen und das gute Gefühl entstehen lassen. Dann zeigen Sie sich und werden Sie persönlich.

Ich höre häufig den Einwand, dass es aber doch um die Sache geht und die Zuhörer es sicher gar nicht interessiert, wenn man von sich persönlich spricht. Das ist insofern richtig, wenn Sie Fakten wählen, die ohne Bedeutung für Ihre Zielgruppe sind. Alle anderen Informationen, die Sie greifbar, nahbar und in einem guten Licht dastehen lassen, haben einen Wert für Ihre Zuhörer und demzufolge auch für Sie. Verlieren Sie die Scheu, sich selbst darzustellen, denn genau darum geht es in jeder Präsentation. Sie sind der Transmitter des Inhalts und es ist Ihre Persönlichkeit, die einem Thema Leben einhaucht. Machen Sie es den anderen leicht, Sie als Mensch (be)greifen zu können und in Beziehung zu Ihnen zu treten – auch im Monolog.

Was könnte Ihre Zielgruppe von Ihnen wissen wollen, damit sie Ihnen etwas zu- bzw. vertraut?

Praxistipp

Greifen Sie etwas Konkretes aus Ihrer Erfahrung heraus, zeigen Sie an einem Beispiel Ihre Expertise auf und schaffen Sie mit allem, was Sie anzubieten haben, eine direkte Verbindung zu Ihrem Thema und zu Ihren Zuhörern. Finden Sie die Informationen, die Ihnen „Farbe“ geben, Ihre Persönlichkeit positiv zeigen und Sie mehr Kontur gewinnen lassen. Plaudern Sie mit Ihrem Publikum wie mit alten Bekannten und sprechen Sie natürlich über sich.

Dieser kleine Fragenkatalog hilft Ihnen dabei, neue und interessante Informationen über sich selbst zusammenzutragen:

- ➜ Was würden Sie als Zuhörer vom Redner wissen wollen, um ein gutes Gefühl zu bekommen?
- ➜ Was ist Ihre persönliche Verbindung zum Thema?
- ➜ Welche kurze Anekdote oder welches Beispiel aus Ihrem Erfahrungsschatz können Sie in Bezug auf das Thema einbinden?

- Gibt es etwas, das eine Schnittmenge zwischen Ihnen und Ihrem Publikum darstellt?
- Welche besondere Expertise haben Sie, die für Ihre Zielgruppe von Vorteil sein kann?
- Womit können Sie sich profilieren, im Sinne von Profilschärfe gewinnen? (zum Beispiel ein Hobby, ein besonders erfolgreiches oder ungewöhnliches Projekt, berufliche Höhepunkte, Expertenwissen oder eine Eigenschaft, die Sie auszeichnet)

Das ist strategisches Präsentieren, denn so nutzen Sie die Chance optimal, sich bereits an dieser Stelle gut darzustellen und eine positive Verbindung zu Ihren Zuhörern herzustellen.

Ich möchte ein Beispiel nennen, das für mich, die Situation und natürlich meine Zuhörer gepasst hat: Im Rahmen eines Kommunikationstrainings für Führungskräfte wollte ich meinen Teilnehmern gleich zu Beginn vermitteln, dass ich Erfahrung in Sachen Führung habe und Freud und Leid dieses Themas mit ihnen teile. Meine professionelle Erfahrung in diesem Bereich war damals begrenzt, da ich als PR-Beraterin und später als Geschäftsführerin eines anderen Trainingsinstitutes nur ein kleines Team unter mir hatte. Ich habe aber leidenschaftlich gerne argentinischen Tango getanzt und konnte durch die Erfahrung des Geführtwerdens eine andere Perspektive und einen persönlichen Einstieg in das Thema anbieten. Ich selbst habe über diesen Weg viel über das „gute Führen" gelernt. Zum einen, dass die eigene Klarheit und innere Führung vorhanden sein muss, um Eindeutigkeit zu vermitteln, und zum anderen, wie viel Vertrauen es braucht, sich auf einen Menschen einzulassen und ihm „blind" zu folgen. Das habe ich neben den klassischen Informationen zu meiner Person angeboten bzw. diese miteinander verwoben. Ich habe über mich erzählt und aus meinem Leben geplaudert, und das auf persönliche Art und Weise.

Je natürlicher und offener Sie in Ihrer Selbstvorstellung sind, desto schneller werden Ihre Zuhörer bereit sein, sich auf die Reise mit Ihnen einzulassen.

Auch dieses Mittel ist keine Technik „um … zu …", sondern entspringt einer inneren Haltung von Wertschätzung den Zuhörern gegenüber. Sie möchten es den anderen leicht machen, Ihrer Einladung in die dann folgende Präsentation zu folgen. Also zeigen Sie sich, als Mensch, und verstecken sich nicht hinter den reinen Fakten Ihres Lebenslaufs. Werden Sie „nahbar".

Finden Sie die Informationen, die eine Brücke oder Verlinkung zu Ihrer Präsentationssituation und den vor Ihnen sitzenden Menschen schaffen. Es geht zunächst darum, eine Verbindung zu den Zuhörern herzustellen und anzuwärmen. Denken Sie daran: Bei jeder Interaktion handelt es sich um „people business", und das geschieht auf der Beziehungs- nicht auf der Sachebene. Je herzlicher Sie sich einbringen, desto wärmer werden Ihr Start und damit auch die nachfolgende Präsentation.

Ein kleiner Tipp für die Präsentatoren unter Ihnen, die sich selbst schon zu häufig vorgestellt haben und sich – beinahe gelangweilt – immer dasselbe erzählen hören. Mir ergeht es inzwischen so, da ich mich viele hunderte Male schon selbst vorgestellt habe. Das wissen meine Zuhörer aber nicht, und sie haben ein Recht darauf, dass meine Selbstpräsentation authentisch und frisch ist. Wenn meine innere Haltung ist: „Oh, schon wieder die ollen Kamellen über mich erzählen …", dann ahnen Sie vermutlich, wie ich wirken werde.

Für diesen Fall brechen Sie Ihre Routine. Entweder Sie finden etwas Neues, passend zu Thema, Situation und Zuhörern, was Sie neben den üblichen Fakten über sich preisgeben, oder Sie fragen Ihre Zuhörer, was diese gerne von Ihnen bzw. zu Ihnen wissen möchten. Ich habe sehr gute Erfahrungen damit gemacht und seitdem wieder mehr Spaß an meiner Selbstvorstellung. Wenn Sie Ihren Monolog zu Gunsten eines kurzen Dialogs öffnen, bedenken Sie bitte zwei Dinge: Sie geben die Führung ab und haben es unter Umständen mit Fragen zu tun, die Sie nicht beantworten können oder möchten. Und diese Art der Selbstvorstellung benötigt ein wenig Zeit. Sollten Ihnen keine Fragen gestellt werden, dann können Sie immer noch auf die von Ihnen erprobten Module der Selbstdarstellung zurückgreifen.

Persönliche Stärken präsentieren mit der „Nebensatz-Technik"

Jetzt wissen Sie, was Sie über sich erzählen können. Wesentlich ist, wie Sie dies tun. Weichzeichner haben selbstverständlich nichts in Ihrer überzeugenden Selbstpräsentation zu suchen. Oder meinen Sie, es wirkt stark, wenn Sie von sich selbst sagen: „Ich glaube, ich bin eigentlich ganz analytisch und meistens gelingt es mir auch ganz gut, Probleme zu lösen." Sie schmunzeln und denken, so wird sich doch niemand selbst das Wasser abgraben? Ich kann Ihnen versichern, dass kompetente Experten ihr Licht geschickt unter den Scheffel stellen, wenn es darum geht. die eigenen Stärken, Fähigkeiten oder Talente zu nennen. Wenn sie diese in der eigenen Vorstellung denn überhaupt erwähnen.

Was geschieht hier? Nun, die innere Bewertungsinstanz hält uns zurück. „Eigenlob stinkt", so haben die meisten gelernt. Tatsächlich sollte es heißen: „Eigenlob stimmt!" Understatement hilft Ihnen nicht, wenn Sie sich in einer „Verkaufssituation" befinden und den Anwesenden deutlich machen möchten, dass sie sich Ihnen als „Reiseleiter" anvertrauen können. In den meisten Fällen möchten wir bescheiden sein, nicht zu dick auftragen und vor allem soziale Erwünschtheit erzielen. Also nehmen wir uns zurück und schwächen unsere Selbstdarstellung mit Weichzeichner ab. Sich seiner selbst bewusst zu sein ist aber die Basis für jede Art von erfolgreicher Präsentation. Sich selbst anzuerkennen und dies auch wertschätzend auszudrücken ist unsere Selbstverantwortung.

Die „Nebensatz-Technik" ist längst Teil Ihres Repertoires und Sie beherrschen sie bereits. Ich möchte Ihnen vor Augen führen, dass es sehr professionell und legitim ist, diese Technik auch in Präsentationen zu benutzen. Nicht nur für das selbstbewusste Darlegen der eigenen Vorzüge. Erläutern und bekräftigen Sie Ihre Aussagen während der gesamten Präsentation mit einem Komma und belegen und unterfüttern Sie Ihre Behauptung. Achtung! Ein Beleg ist etwas anderes als ein Beweis. Ein Beweis hat einen „Geschmack" von Sich-rechtfertigen-Müssen. Wenn dies Ihre innere Haltung sein sollte, dann kommt das natürlich bei Ihrem Gegenüber auch so an. Das ist hier nicht die Idee. Sie bebildern und veranschaulichen Ihre Aussage, um es Ihren Zuhörern leicht zu machen, diese anzunehmen.

Praxis-tipp

„Ich bin analytisch und meine Stärke ist es, Probleme zeitnah zu lösen." – Sollte es Ihnen unangenehm sein, in dieser Form, mit positiven Behauptungen ohne Einschränkungen über sich selbst zu sprechen, dann benutzen Sie die „Nebensatz-Technik". Ich habe diese Methode so „getauft", da es mehr nicht ist. Sie behaupten etwas, dann kommt das Komma und Sie schieben eine Erläuterung oder einen Beleg für diese Aussage hinterher. „Ich arbeite sehr strukturiert, das sehen Sie zum Beispiel daran, dass ich sehr sachlich und überlegt Projekte angehe und einen guten Blick für die realistische Umsetzung von Details habe. Konkret bewiesen habe ich das ..." Beschreiben Sie dann kurz ein konkretes Projekt. Der zweite Teil Ihrer Selbstaussage lautet mit der „Nebensatz-Technik": „Eine meiner Stärken ist es, Probleme schnell zu lösen. Seit zehn Jahren stelle ich das im Alltag immer wieder unter Beweis, vor allem wenn meine Kollegen mit ihren Softwareproblemen zu mir kommen."

Finden Sie einige Beispiele und die Belege für Ihre Stärken, dann wird es Ihnen leichtfallen, sich selbst gut darzustellen. Diese müssen nicht immer wieder neu erfunden werden, sondern können ein fester Bestandteil Ihrer persönlichen Selbstvorstellung sein.

ZUR ERINNERUNG

Ihre Zuhörer geben die Führung an Sie ab und möchten wissen, mit wem sie es zu tun haben. Erinnern Sie sich: Wir begegnen uns auf der Beziehungsebene, nicht auf der Sachebene. Nutzen Sie den Moment der Selbstvorstellung, um sich zu profilieren (Profilschärfe zu gewinnen), und machen Sie es Ihrem Publikum leicht, Ihre Expertise zu sehen und eine positive Verbindung zu Ihnen als Mensch herzustellen. Ihr Licht unter den Scheffel zu stellen, hilft an dieser Stelle niemandem. Seien Sie sich selbst bewusst über Ihre Stärken und scheuen Sie sich nicht, diese mitzuteilen.

Kapitel 5

Erfolgsfaktor Team in der Präsentation

In diesem Kapitel widmen wir uns den Möglichkeiten, die Sie im Team haben, um in Zukunft noch souveräner, leichter und **mit Erfolg Ihre Sache gemeinsam zu verkaufen**. Auch ohne Präsentationsteam können Sie neue Ideen und Impulse aus diesem Kapitel ziehen. Der Vorschlag für ein **gelungenes Zeitmanagement** funktioniert zum Beispiel auch, wenn Sie alleine präsentieren.

In dem Moment, in dem ein Team antritt, bestimmt das Zusammenspiel aller Personen die Gesamtleistung. Am Ende einer Teampräsentation gibt es keine A- oder B-Noten für die einzelnen Performances, sondern nur einen Gesamteindruck.

Vergleichen wir den Auftritt eines Präsentationsteams mit einer Band: Zum Klanggenuss wird der Auftritt der Gruppe, wenn jeder Musiker als Experte sein Instrument beherrscht, seinen Platz ganz einnimmt und alle miteinander harmonisch spielen. Es gibt Platz für das Solo (auch mehrere), aber dieses ist immer im Rahmen des gesamten Werkes eingebettet. Gute Musiker sind während ihres Auftritts miteinander verbunden und in Kontakt. Sie „kommunizieren" miteinander, da es Ihnen um ein perfektes Ganzes geht und sie sich darüber im Klaren sind, dass erst ihr Zusammenspiel die Herzen der Zuhörer gewinnt.

Sollten Sie im Team auftreten, dann machen Sie sich bewusst, dass die Art und Weise, wie Sie miteinander „spielen", ebenfalls von Ihrem Publikum wahrgenommen wird und zum guten Gefühl Ihnen und Ihrer Sache gegenüber beiträgt. Oder eben nicht. Es lässt sich leicht an der Körpersprache ablesen, wer wirklich präsent und mit seiner Mannschaft und dem Inhalt verbunden ist, selbst wenn er oder sie nicht auf der Bühne aktiv ist. Wir präsentieren immer. Es gibt in dieser Situation keine Pausentaste, in der unsere Zielgruppe keinen Eindruck von uns erhält. Daran sollten Sie denken und während der gesamten Performance Präsenz zeigen. Das gelingt zum Beispiel, indem Sie immer wieder aktiv in Blickkontakt mit Ihren Kollegen sind oder diese sogar aktiv in Ihren Part mit einbeziehen. Mit der Technik „verabredeter Dialog" und meinen Tipps für kollegiale Hilfestellung während der Präsentation gelingt Ihnen dies ganz selbstverständlich.

Die jetzt folgenden Tipps funktionieren nur dann, wenn Sie sich selbst und untereinander die Erlaubnis geben, sich gegenseitig den Rücken zu stärken und auch während des Auftritts miteinander zu sprechen. Die daraus resultierende Freiheit gewährt Ihnen mehr Spielraum und Sicherheit und dies führt zu mehr Spaß auf der Präsentations-Bühne. Das merken Ihre Zuhörer – und die Chance, das von Ihnen angestrebte gute Gefühl entstehen zu lassen, steigt.

Souveräne Überleitungen

Zunächst möchte ich die allgemein übliche und – wie ich finde – wenig elegante Überleitung in Frage stellen: „Und jetzt übergebe ich das Wort an meinen Kollegen XY …“ Das kann man so machen und es ist nicht verkehrt, aber es gibt so viele attraktivere und natürlichere Möglichkeiten, den Stab an den nächsten Redner zu übergeben.

Überlegen Sie kurz: Wie würden Sie im Normalfall – ohne auf der Bühne zu stehen oder vor vielen Zuhörern zu sprechen – mit Ihren Kollegen sprechen? Bedanken Sie sich, wenn man Ihnen im Gespräch das Wort erteilt? In Präsentationen ist das Standard. Ich persönlich frage mich immer, wozu diese Danksagung gut ist. Im Normalfall sprechen wir, ohne uns bei unserem Gesprächspartner für die Gelegenheit zu bedanken. Oder meinen Sie es ernst? Bedanken Sie sich tatsächlich bei Ihrem Vorredner, weil es Ihnen ein Bedürfnis ist? Nein? Dann ist es nur eine Floskel, und auf die können Sie verzichten, da sie in den meisten Fällen nur eine leere Formel ohne weiteren Wert ist. Wenn wir uns keine Gedanken darüber machen, wie eine strategisch sinnvolle und starke Überleitung von einem Teil zum anderen (oder einer Person zur nächsten) aussieht, dann stehen wir mit leeren Händen da und greifen auf Phrasen zurück.

Praxistipp

Es gibt einfache und viel elegantere Alternativen, die zusätzlich strategischen Wert haben. Im Sinne von kollegialer Unterstützung haben Sie die Chance, mit Ihrer Überleitung thematisch den Teppich für Ihren Kollegen auszurollen und es ihm leicht zu machen, in sein Thema einzuführen. In diesem Fall geben Sie eine kurze Einleitung in sein Thema: „Nachdem ich Ihnen die für Sie wichtigen Zielgruppen vorgestellt habe, wird Daniela Sperling Ihnen zeigen, wie wir diese Gruppen für Sie gewinnen werden. Unsere drei Maßnahmenpakete zielen auf …“ Ihre Kollegin setzt dann inhaltlich ein, ohne sich für das Erteilen des Wortes zu bedanken. Denken Sie an eine Gruppe von Musikern, die mit nahtlosem Übergang zusammenspielen. Das können Sie auch.

Eine weitere Option ist, dass Sie Ihren Part noch einmal auf den Punkt bringen und Ihrem Kollegen nur „die Tür öffnen“, nicht aber inhaltlich in sein Thema einführen. Im Sinne von: „Lassen Sie mich noch einmal kurz die wichtigsten Punkte meiner Ausführungen zusammenfassen, bevor Daniela Sperling Ihnen dann veranschaulichen wird, wie wir Ihre Ziele erreichen.“ Ihre Kollegin setzt dann pointiert fort und steigt ohne verbales Beiwerk direkt ein. Dazu muss sie sich natürlich vorher überlegt haben, wie ihr erster Satz lauten sollte. Für Sie als Folgeredner ist das der Moment des zweiten ersten Eindrucks. Nutzen Sie ihn.

Die Technik des „verabredeten Dialogs“

Gehen wir einen Schritt weiter. „Raus aus dem Korsett“ heißt auch hier wieder mein Credo. Trauen Sie sich, alte Schienen zu verlassen und dem natürlichen Präsentieren im Team Raum zu geben. Sie dürfen in Präsentationen zum Beispiel auch miteinander sprechen, anstatt das Spiel „Auf Präsentator 1 folgt Präsentator 2 folgt Präsentator 3…“ zu spielen. Der Vorteil davon? Sie brechen eine starre Form auf und bieten Ihren Zuhörern ein breiteresWechselspiel an Interaktion und Abwechslung.

Es ist wohltuend, ab und zu einen Monolog zu unterbrechen und einem anderen „Typus“, einer anderen Stimme und Persönlichkeit, die Bühne zu überlassen. Es ist einfach unterhaltsamer, und wenn Sie schon im Team da sind, dann nutzen Sie doch auch seinen besonderen Wert. Dies geschieht immer im Hinblick auf Ihr Ziel und Ihre Zielgruppe, nicht einfach zufällig und nach Lust und Laune. Nicht der Platzhirsch, der schon so lange schweigen musste, verschafft sich Gehör, indem er den Präsentator unterbricht und seine Sicht der Dinge schildert. Auf keinen Fall. Für mich gilt das Gesetz, dass einem Redner die Bühne gehört und er nur in „Notfällen“ unterbrochen wird oder aber, wenn Sie das vorher abgesprochen haben. Und hier kommt der „verabredete Dialog“ ins Spiel.

Praxis-tipp

Ich nenne ihn so, weil Sie Ihren Monolog in einen Dialog mit Ihrem Kollegen wandeln und ganz natürlich miteinander plaudern. Dazu gibt es keine Charts und vor allem keinen vorgefertigten Text. Dennoch sind der Moment und der Inhalt (Stichworte) vorher besprochen worden. Ziel ist es zum einen, neben dem Auflockerungsfaktor für die Zuhörer, in strategischer Form Informationen zu vermitteln, und das auf charmante Weise, quasi nebenbei. Zum anderen geben Sie Kollegen eine Profilierungschance, ohne dass diese vorne auf der Bühne stehen und mit Charts präsentieren. Mit dieser Methode bieten Sie den Präsentatoren, die noch nicht so sicher und routiniert sind, einen Moment „entspannter Präsentation" an. Ihr Kollege bleibt sitzen, während er frei erzählt. Das ist ganz wichtig, denn er übernimmt Ihre Bühne nicht. Er ergänzt, vervollständigt und plaudert über eine strategisch ausgewählte Situation, mit der Sie Ihren Gesprächsteil bebildern, auflockern und zusätzliche Informationen vermitteln. Kurz und knapp, dann gibt er Ihnen den Ball zurück und Sie führen weiter durch Ihren Präsentationsteil. Das ist die Arbeit eines Teams.

Wählen Sie im Vorfeld konkrete Projekte oder Inhalte, die Ihr Kollege geleitet, organisiert, betreut oder für die er sich verantwortlich gezeigt hat, aus. Nachdem dies vorher so vereinbart worden ist, sprechen Sie dann während Ihres Präsentations-Parts Ihren Kollegen namentlich an: „Holger, du hast doch vor vier Wochen die Aktion XY betreut. Erzähl uns doch kurz, wie ihr das hinbekommen habt, dass am Ende Teilnehmer und Auftraggeber gleichermaßen begeistert waren." Wenn Sie Ihrem Kollegen zu mehr Profilschärfe verhelfen möchten, dann drücken Sie Ihren Respekt oder Ihre Wertschätzung durch ein paar starke Attribute aus. „Holger, du warst doch verantwortlich für den reibungslosen Ablauf der Aktion XY. Erzähl uns doch kurz, …". Ihr Kollege wird mit dieser Ankündigung anders von Ihren Zuhörern gesehen werden und das kollegiale Zusammenspiel bekommt eine neue Note. Wie immer gilt: Sollten Sie keine echte Anerkennung für die Leistung Ihres Kollegen (oder diesen Kollegen) empfinden, dann benutzen Sie die „neutrale“ Ansprache. Denn Sie wissen ja, Ihre innere Haltung ist für die anderen sicht- bzw. hörbar.

Diesen Dialog können Sie noch ausweiten, indem Sie es als „Talkshow-Element“ in Ihren Monolog mit einbeziehen. Wer hat festgelegt, dass in professionellen Präsentationen immer nur ein Präsentator alleine die Bühne beherrscht? Wir gehen davon aus, dass dies klassischerweise so gemacht wird, weil es alle so machen. Aber wie wäre es, auch diese Gewohnheit zu unterbrechen und uns selbst und den Zuhörern mehr Lebendigkeit, Abwechslung und daraus folgend auch mehr Spaß in Präsentationen zu ermöglichen? Planen Sie, wenn inhaltlich sinnvoll, doch einmal einen Teil Ihrer Präsentation im Dialog.

Ich selbst bin auf diese Lösung aus purer Notwendigkeit heraus gestoßen: Vor ein paar Jahren habe ich eine Kommunikationsagentur am Vorabend einer großen Wettbewerbspräsentation für ein Ministerium mit einem Präsentations-Coaching unterstützt. Das sieht so aus, dass ich die Generalprobe mit der Kamera aufzeichne und dann sehr gezielt Feedback für die Bereiche persönliche Wirkung der Präsentatoren, Teamplay, Dramaturgie und strategischer Aufbau der Präsentation geben kann. „Last minute“ sozusagen.
In dieser Präsentation ging es unter anderem um das Verkaufen einer Mitarbeiterzeitschrift, die durch das Layout und Design genauso wie durch die Inhalte überzeugen sollte. Wer könnte sein „Kind“ besser darstellen als der Künstler, der es erschaffen hat? In dem Fall sollte also der Grafiker sein grafisches Konzept während der Präsentation verkaufen. Leider stellte sich heraus, dass dieser Experte es gar nicht liebte, im Mittelpunkt der Aufmerksamkeit zu stehen. Er zog sich so sehr in sich zurück, dass seine Ausführungen, die alle korrekt waren, nicht ankamen. Sie lebten nicht, waren zu reduziert und als Präsentator vermittelte er, wie unwohl er sich in dieser Rolle fühlte. Sie können sich sicher vorstellen, dass das Team seine Felle davonschwimmen sah. Sie konnten aber auf den Grafiker auch nicht verzichten und die Präsentation umbauen, da explizit darum gebeten worden war, dass alle Experten ihre Bereiche selbst vorstellen sollten. Ein schlauer Schachzug vom potenziellen Auftraggeber, denn so konnte er sich gleich ein Bild darüber machen, mit wem er in Zukunft zusammenarbeiten würde.

Da keine Zeit war, um mit dem Grafiker an seinem Selbstvertrauen auf der Bühne zu arbeiten, kam mir folgende Lösung in den Sinn: Ich habe darum gebeten, dass die verantwortliche PR-Beraterin und der Grafiker sich gemeinsam auf die Bühne stellen und sie ihm jeweils das Stichwort für seine Rede liefert. Im echten Dialog und in einem natürlichen Gesprächsstil. Das sah dann ungefähr so aus: „Johannes, du bist ja der kreative Kopf, der hinter dem Layout für die Mitarbeiterzeitschrift steckt, und hast aus gutem Grund die Farbe Rot als Leitmotiv gewählt. Erkläre uns kurz, was dich zu dieser Entscheidung geführt hat und was das Besondere an deinem Vorschlag ist." Der Grafiker hat daraufhin einfach geantwortet und erzählt, so wie er das im Alltag (übrigens sehr wirkungsvoll und professionell) auch tut, und die PR-Beraterin hat hinterfragt, Stichworte aufgegriffen und diese um den strategischen Blick oder den Nutzen ergänzt. Was für eine Veränderung im Punkt Überzeugungskraft und starkes Verkaufen! Das war die Lösung und über die Ergänzung der beiden Expertisen im Dialog haben wir nicht nur eine viel stärkere Performance für das Team kreiert, sondern gleichzeitig eine neue Form gefunden, die Präsentieren mehr Spaß machen lässt. Vor allem für diejenigen, die sich das natürliche Präsentieren auf der Bühne noch nicht so richtig zutrauen.

Einen weiteren Vorteil bietet der „verabredete Dialog" als Talkshow-Element, wenn Sie, neben dem Auflockern und Unterhalten, dem Präsentator eine Regieanweisung geben möchten. Ich denke dabei an einen Geschäftsführer, der sehr gerne und sehr viel in seinen Präsentationen plauderte. Um sicherzustellen, dass alle wichtigen Inhalte im Rahmen der festgelegten Zeit präsentiert wurden, wurde der Talkshow-Gedanke aufgegriffen und mit Hilfe einer „Moderatorin" umgesetzt. Diese konnte auf charmante Art und Weise immer wieder dafür sorgen, dass er die vorher festgelegten Inhalte wiedergab und nicht zu sehr ins Plaudern geriet. In diesem Fall ist der Dialog ein Führungsinstrument.

Zeit und Inhalt als Team managen

Was tun Sie, wenn die Zeit davonläuft, Ihr Kollege im Modus „Autopilot" unterwegs ist und keinen Blick für die vereinbarte Zeit hat? Mit „Autopilot" meine ich den Zustand, in dem ein Präsentator wie ferngesteuert durch seine Inhalte führt und vor lauter Aufregung selbst nicht mitbekommt, was er oder sie gerade vorträgt, geschweige denn ein Zeitgefühl besitzt. Sollte Ihnen jetzt eine Reihe von vorher zu vereinbarenden Zeichen (auf die Uhr zeigen, husten, räuspern, Blickkontakt suchen etc.) als Lösung in den Sinn kommen, lassen Sie mich kritisch bemerken, dass ein Präsentator, der mit Tunnelblick unterwegs ist, alle diese Zeichen wohl nicht bemerken wird. Oder sie nicht als das interpretiert, was sie darstellen sollen: Ihren Hinweis auf die Zeitvorgabe.

Die einfachste Lösung ist doch, Ihren Kollegen direkt auf das noch verbleibende Zeitfenster hinzuweisen. Das geht nicht? Dann würden die Zuhörer mitbekommen, dass derjenige gerade kein Zeitgefühl hat. Denken Sie so? Das ist auf jeden Fall die Standardantwort, die ich im Training bekomme. Ich lade Sie auch hier wieder ein, aus dem „engen Korsett zu springen" und das, was Sie normalerweise tun würden, auch in einer professionellen Präsentation zu tun. Geben Sie dem anderen einen netten und eindeutigen Hinweis.

Praxistipp

Ganz elegant können Sie dies tun, indem Sie eine vorher beschriebene farbige – nicht gerade die rote – Karte mit dem Hinweis „fünf Minuten" (5') sichtbar vor sich halten. Und zwar so lange, bis Ihr Teamkollege sie bemerkt hat. Auch Ihre Zuhörer werden dieses Zeichen sehen. Interessanterweise denken sie nicht: „Wie unprofessionell von dem Präsentator, die Zeit nicht selbst im Blick zu haben." Nein, sie nehmen wahr, dass hier echtes Teamplay geschieht, Sie sorgsam mit der Zeit der Zuhörer umgehen und dass Sie Ihren Kollegen unterstützen. Das spricht positiv für Ihr Team. Sollten Sie alleine durch einen Inhalt führen, spricht übrigens nichts dagegen, einen Teilnehmer zu bitten, für Sie den Zeitwächter zu spielen und Ihnen zu vereinbarter Restzeit das Zeichen (Karte hochhalten) zu geben.

Selbstverständlich können Sie Ihren Kollegen auch verbal auf die Zeit hinweisen. Was spricht denn dagegen? Sie wollen ihn nicht unterbrechen und aus dem Konzept bringen? Ich bin der Meinung, dass dies Ihre Pflicht ist, denn Sie sorgen doch für eine gelungene Gesamtleistung und dazu gehört das Einhalten der Zeit. Sprechen Sie die Person namentlich an. Auf unseren Namen hören wir, und egal in welchem Tunnel wir unterwegs sind, wir registrieren es, wenn wir gerufen werden. „Sandra, lass mich dich kurz unterbrechen. Du hast noch fünf Minuten." Das ist die kurze Variante. Sie können ebenfalls eine ergänzende Information hinzufügen und dem Redner dadurch Gelegenheit geben, sich kurz zu sammeln, um dann die letzten Minuten konzentriert zu nutzen. „Sebastian, lass mich kurz einhaken. Wir haben jetzt noch fünf Minuten, bevor XY mit dem Teil (kurze Beschreibung) fortfährt." Das reicht.

Sollten Sie so unterbrochen und dadurch aus dem Konzept gebracht werden, dann wissen Sie ja, dass die Technik des Sprech-Denkens auch hier eine wunderbare „Krücke" ist. „Oh, das war mein Zeitzeichen und der nette Hinweis, dass ich zum Ende kommen soll. Sie sehen, wir haben eine Fülle von Informationen zusammengetragen, die ich Ihnen natürlich alle gerne im Detail vorstellen möchte. In Anbetracht der knappen Zeit werde ich jetzt ein paar Folien überspringen und die letzten Punkte zusammenfassen."

Ja, die Zuhörer werden bemerken, dass Ihr Zeitmanagement nicht perfekt war. Aber ganz ehrlich, entweder haben sie Ihre Ausführungen so sehr interessiert, dass es sie nicht stört, und sie bemerken wertschätzend, dass Ihr Team für Sie sorgt. Oder Sie haben sie vielleicht mit zu vielen Details gelangweilt. Dann ist es gut, wenn der Zeitraffer eingeschaltet wird. Sie demonstrieren Ihre Flexibilität und Ihre Wertschätzung dem Publikum gegenüber, indem Sie reagieren.

Gehen wir noch einen Schritt weiter: Was tun Sie, wenn ein Kollege sich inhaltlich verzettelt oder seine Performance schwach ist und Ideen nicht klar und überzeugungsstark vermittelt werden? Diese Situation ist eine echte Herausforderung. Wenn Sie Ihren Kollegen diesbezüglich unterbrechen, dann – wie bei allen Einsatzgebieten des echten Dialogs auch –, nur mit vorheriger Absprache und Erlaubnis.

Wie Sie dies tun, ist entscheidend, denn Sie greifen in das Hoheitsgebiet eines anderen Redners ein. Das ist ein sehr sensibles Feld und es geht auf keinen Fall, dass wir unseren Kollegen bloßstellen. Formulierungen wie „Was Herr Fink eigentlich meinte, ist …" sind tabu.

Wenn diese Formulierung nicht in Frage kommt, wie können Sie dann Ihren Teamkollegen Hilfe anbieten, wieder zum Thema zurückzufinden? Unterbrechen Sie ihn zunächst auch diesmal wieder, indem Sie ihn beim Namen nennen: „Herr Fink, lassen Sie mich kurz einhaken/ergänzen/hinzufügen …" Mit dieser Wortwahl verdeutlichen Sie, dass es um eine Ergänzung und nicht um Ausbremsen oder Korrigieren geht. Übernehmen Sie für einen kurzen Moment das Steuer und geben inhaltlichen Input und eventuell eine kurze Regieanweisung, wie der Präsentator weitermachen sollte. Seien Sie vorsichtig. Dies muss vorher vereinbart worden sein und in den meisten Fällen kommt es nicht gut an, wenn Sie etwa Ihren Chef unterbrechen. Das Spiel mit Hierarchie und Macht ist ein sensibles und ich empfehle, diese Technik „von oben nach unten" einzusetzen, als mögliche Hilfestellung und Rückendeckung für die ungeübten Präsentatoren. Sie stellen sicher, dass die Gesamtleistung stimmig ist, und reichen im übertragenen Sinn Ihrem Kollegen die Hand. Ziel ist es, ihn darin zu unterstützen, wieder zu einer konzentrierten und zielführenden Performance zurückzufinden. Der darin für alle Anwesenden enthaltene Nutzen sollte dem Kollegen, dessen Vortrag unterbrochen wurde, klar sein. Sonst passiert es, dass seine innere Bewertungsinstanz das Steuer übernimmt und sich aufgrund dessen selbst kritisiert. Die Folgen sind in Sprache und Körpersprache dann für alle sichtbar.

Nehmen wir ein weiteres eigenes Beispiel, das ich als frischgebackene PR-Beraterin in einer Präsentation erlebt habe: Als zuständige Projektbetreuerin einer Pressekonferenz lag meine Kompetenz vor allem in der gewissenhaften Organisation, dem Ablauf und der Detailplanung, nicht so sehr in dem strategischen Wissen um Ziel und Nutzen der Veranstaltung. Als ich nun unserem Kunden die Maßnahme „Pressekonferenz" vorstellte, wurden meine Erläuterungen immer kleinteiliger, so dass ich von der Einladungskarte für Journalisten auf elfenbeinfarbenem Papier mit perforierter Rückantwortkarte erzählte. Sie können sich sicher denken, dass das nicht wirklich von Interesse war, und meinem Chef wurde vermutlich ganz anders, als ich mich in diesen Details verlor. Dankbar bin ich ihm dafür, dass ich nicht mit einem Satz unterbrochen wurde wie: „Um das von Frau Pütz Gesagte auf den Punkt zu bringen ...“ Ich bedauere aber, dass ich keine Hilfestellung von meinem Chef bekommen habe. Dabei hätte diese so einfach sein können: „Frau Pütz, lassen Sie mich hier kurz etwas ergänzen. Es ist wichtig, dass bei dieser Veranstaltung alle Details bedacht werden und stimmen, denn wir wollen ja erreichen, dass ... Der strategische Grund, warum wir diese Pressekonferenz gemeinsam mit Ihnen durchführen möchten, ist ...“

Mein Chef hätte mir dann in der Folge einen direkten Hinweis dazu geben können, an welcher Stelle ich fortfahren soll: „Uns ist bei der nächsten Maßnahme besonders wichtig, dass ... (strategische Überlegung). Frau Pütz, lassen Sie uns zum nächsten Chart weitergehen, mit dem Sie uns beschreiben, wie wir die Zielgruppe XY erreichen werden.“

Es ist essentiell, dass der Präsentator seine Führung zurückbekommt – gerne mit dem Hinweis, wie oder wo er ansetzen soll. Und ja, Sie haben Recht, wenn Sie jetzt denken, dass jeder im Auditorium mitbekommen hat, dass Frau Pütz korrigiert wurde. Denken Sie nicht, dass auch schon vorher deutlich wurde, dass die Präsentatorin ins Schwimmen geraten ist? Und ist eine Kurskorrektur ohne Kritik nicht ein Zeichen an die Zuhörer, dass wir als Team gemeinsam für eine gelungene Performance sorgen? Ich bin der Meinung, dass eine sinnvolle und respektvolle Ergänzung angebracht ist, allerdings nur, wenn sie vorher abgesprochen und erlaubt war. Die Kunst liegt darin, den Kollegen so zu ergänzen, dass er nicht das Gesicht verliert, zusätzlicher Inhalt vermittelt und respektvoll der Teppich ausgerollt wird. Für mich ist das eine erstrebenswerte Form des Teamplay, in der Sie gemeinsam für das Gelingen der Präsentation sorgen.

ZUR ERINNERUNG

Punktuelles Aufbrechen Ihres Monologes in Präsentationen ist frisch, anders und strategisch wertvoll. Bisher ist die „Technik des verabredeten Dialogs“ in der Präsentationspraxis noch selten. Nutzen und integrieren Sie diese Art des natürlichen Umgangs in Ihrem Team, dann bieten Sie Ihren Zuhörern etwas Neues, Ihren Kollegen mehr Sicherheit und sich,

Ihrem Team und den Zuhörern mehr Leichtigkeit in der Präsentation. Mit gezielten Überleitungen, der Zeitkarte und dem wertschätzenden Unterbrechen bzw. Ergänzen von Kollegen demonstrieren Sie positives und echtes Teamplay. Präsentieren macht so viel mehr Spaß – und das merkt Ihr Publikum.

Kapitel 6

Dramaturgie – Vom kraftvollen Einstieg zum nachhaltigen Schluss

Mit einfachen Mitteln werden Sie Ihre **Zuhörer sofort und stark ins Thema führen**, Spannung erzeugen und unterhaltsam durch Ihren Inhalt lotsen. **Überzeugungs- und verkaufsstark** werden Sie mit der **Nutzenargumentation** und zum Schluss sorgen Sie dafür, dass das in den Köpfen bleibt, was Ihnen wichtig ist.

Als Präsentator ist es Ihre Aufgabe, Ihr Thema verständlich zu vermitteln. Allerdings werden Sie mit der rein sachlichen Darbietung Ihres Inhalts Ihre Zuhörer nicht gewinnen. Wenn dem so wäre, könnten Sie Ihre Präsentation aushändigen, die Teilnehmer den Inhalt lesen und Sie im Anschluss darüber sprechen. Das ist aber nicht Sinn und Zweck einer Präsentation.

Damit Ihre Präsentation gelingt, planen Sie, wie Sie Ihr Thema vermitteln. Überlegen Sie sich, wie Sie das Interesse der Zuhörer wecken, sie unterhalten und Verstand und Gefühl gleichermaßen ansprechen. Fragen Sie sich, wie Sie die Aufmerksamkeit Ihres Publikums bis zum Schluss halten können. Mit anderen Worten: Machen Sie sich Gedanken über die Dramaturgie Ihrer Präsentation. Eine gelungene Dramaturgie sorgt für den notwendigen Spannungsbogen und dieser bewegt sich im Rahmen eines „Vierklangs" – Einleitung, Eröffnung (Intro), Höhepunkt und Schluss.

Alle Ihre Präsentationen besitzen die vier oben genannten Elemente, aber nutzen Sie bereits das ganze Potenzial wirksamer Dramaturgie für die Vermittlung Ihrer Inhalte? In diesem Fall haben Sie sich überlegt, wie Sie aufmerksamkeitsstark und vielleicht ungewöhnlich die inhaltliche Vermittlung beginnen. Sie haben den oder die Höhepunkte Ihres Beitrags klar definiert und wissen, was Ihren pointierten und nachhaltigen Schluss auszeichnet. Um einen Spannungsbogen zu kreieren und eine informative, aber auch kurzweilige und sympathische Präsentation zu erzielen, haben Sie Ihre „Zutaten" und Stilmittel bewusst gewählt, Überraschungsmomente und inszenierte Brüche in der üblichen Chartabfolge geplant.

Das „Wie" (d.h. wie Sie Ihre Inhalte verpacken und aufbauen) ist mindestens ebenso entscheidend für den Erfolg wie das „Was" – Ihr Inhalt. Gute Präsentatoren beachten beides.

Die Einleitung: Anwärmphase für Sie und Ihre Zuhörer

In die Einleitung oder „Anwärmphase" gehören die Begrüßung, die persönliche Selbstdarstellung und der Themenüberblick. Dann erst beginnt die Präsentation Ihrer Inhalte, die in Lösungen, Kernbotschaften oder Maßnahmen gipfeln.

In dieser ersten Phase reden Sie sich warm und nehmen Kontakt zu Ihren Zuhörern auf. Sie können und sollen frei über sich selbst plaudern; die Zutaten für eine starke und sympathische Selbstdarstellung kennen Sie ja bereits. Die Agenda haben Sie im Kopf, denn Sie wissen, wohin Ihre gemeinsame Reise geht und worüber Sie gleich sprechen werden. Dementsprechend laden Sie Ihre Zuhörer ganz selbstverständlich ein, Ihnen auf der Reise durch Ihr Thema zu folgen. Ihre „Parkposition", die nonverbale Sicherheitsinsel für Ihren Körper, hilft Ihnen, sich sicher zu fühlen und trotz Nervosität auch zu Beginn gut zu wirken. Das Gleiche gilt für die „verbale Sicherheitsinsel", Ihren ersten Satz. Er stellt die Weiche für Ihre Kontaktaufnahme mit dem Publikum und in Ihr Thema. Lassen Sie weichgezeichnete Floskeln wie: „Ich möchte Ihnen nun präsentieren, was wir ..." einfach weg. Sie möchten nicht, Sie tun es und „Ich werde versuchen" haben wir ja bereits aus dem Präsentationsvokabular gestrichen.

Praxistipp

Sollten die Teilnehmer der Präsentation Sie kennen oder Sie hatten bereits Gelegenheit, sich persönlich vorzustellen, verzichten Sie auf die Floskel: „Guten Tag, meine Damen und Herren. Ich freue mich sehr, dass ich heute hier sein darf. Im Folgenden möchte ich Ihnen xyz präsentieren." Dieser Start ist beliebig und austauschbar. An dieser Art des Einstiegs erkennen Zuhörer, dass der Redner sich keine Gedanken über die Eröffnung gemacht hat. Stattdessen beginnen Sie mit einer kleinen Verzögerung von maximal zwei bis drei Sekunden, in denen Sie sich sammeln, mit Ihren Zuhörern verbinden und mit zwei freundlichen Gesichtern Kontakt aufnehmen. Vielleicht lächeln oder nicken Sie und beginnen dann pointiert. Zum Beispiel so: „Ziel ist es, Ihnen in den nächsten dreißig Minuten aufzuzeigen, welche Lösungen wir für Ihre Anforderungen im Thema xy gefunden haben ..."

Überlegen Sie sich Ihren ersten Satz, mit dem Sie Ihre Präsentationsreise beginnen, und nutzen Sie die Einleitungsphase, um sich freizusprechen. Dann erst beginnt Ihre inhaltliche Präsentation und mit dem von Ihnen im Vorfeld gewählten Intro laden Sie Ihre Zuhörer in Ihr Thema ein.

Eröffnung: „Mit einem Erdbeben starten und dann langsam steigern."

Nach der Einleitung beginnt der inhaltliche Teil der Präsentation. Ein starkes, strategisch ausgesuchtes Intro, also der tatsächliche Einstieg in Ihren Inhalt, soll es Ihnen leicht machen, Ihre Zuhörer sofort ins Thema einführen, sie neugierig und ihnen vor allem Lust auf mehr machen. Bitte beachten Sie bei der Wahl dieses Mittels: Alles, was Sie als dramaturgisch kraftvollen Einstieg wählen, muss zu Ihrer Zielgruppe, Ihrem Thema und natürlich auch zu Ihnen persönlich passen.

In den Situationen, in denen Sie von einem Moderator oder dem Gastgeber angekündigt werden, sollten Sie auf seinen Worten aufbauen. Damit zeigen Sie nicht nur Ihre Flexibilität und Souveränität, sondern es ist auch ein Zeichen von Respekt dem Vorredner gegenüber. Stellen Sie sich vor, Sie würden ohne Kommentar über das Gesagte hinweggehen und sofort mit dem vorher festgelegten Intro beginnen. Dies wirkt auf jeden Fall befremdend und unverbunden. Greifen Sie unbedingt etwas von Ihrem Vorredner auf, nutzen Sie es als „Verlinkung" und kommen dann auf Ihren vorbereiteten Start zurück, um in Ihr Thema zu führen.

Ein gut gewähltes Intro erzeugt sofort Aufmerksamkeit. Schaffen Sie eine direkte und elegante Verbindung zu Ihrem Thema, zum Beispiel mit:

- einem Zitat
- einer Statistik
- einer verblüffenden Behauptung oder feinsinnigem Humor
- einem Bild
- einem Überraschungseffekt.

1. Ein Zitat als Überbrückungskabel

Mit dem Zitat von Augustinus „In dir muss brennen, was du in anderen entzünden willst!“ – beginne ich zum Beispiel meinen Vortrag zum Thema „Motivation von Mitarbeitern durch wertschätzende Kommunikation“. Ich fahre dann fort: „Wie Sie den berühmten Funken bei anderen entfachen, zeige ich Ihnen aus meiner Sicht und Erfahrung in den nächsten sechzig Minuten. Meine persönliche Erfahrung als ehemalige PR-Beraterin in einer Agentur hat mich gelehrt, dass die ‚Mohrrüben-Taktik‘, also das Motivieren über äußere Faktoren, langfristig nicht funktioniert.“

Ich beginne meinen Vortrag ohne die üblichen Begrüßungsfloskeln und starte mit dem Zitat. Dann erst nutze ich einen Moment zum „Anwärmen“, indem ich ein paar Daten und Fakten zu meinem beruflichen Werdegang einfließen lasse und einen kurzen Überblick über die inhaltlichen Module gebe, über die ich sprechen werde. Die Informationen über mich sind so ausgewählt, dass sie eine Verbindung zum Thema herstellen und nahtlos mit dem Vortrag verschmelzen. Wenn Sie sich sicher fühlen, können Sie Ihre Präsentation auch sofort mit einem kraftvollen ersten Satz ungewöhnlich und aufmerksamkeitsstark beginnen und dann die Zutaten aus der Einleitungsphase benutzen, um in Ihr Thema einzuführen.

Wählen Sie sorgfältig aus, ob Ihr ausgesuchtes Zitat wirklich passt und ein anderer mit seinen Worten genau ausgedrückt hat, was Sie als Einleitung für Ihr Thema benötigen. Sonst ergeht es Ihnen wie meinem Kollegen, der seine Präsentation mit einem Zitat von Hegel eröffnet hat. Bedauerlicherweise wurden die Worte Hegels vom Publikum ganz anders aufgenommen und der beabsichtigte Transfer zum Inhalt hat nicht funktioniert. Diese Präsentation hatte einen Fehlstart, da erst einmal die Bedeutung des Zitats kontrovers diskutiert wurde.

2. Mit einer Zahl (Statistik) beginnen

Steigen Sie fokussiert in Ihr Thema ein und vermitteln Sie Ihren Zuhörern sofort, dass Sie Ihre thematische Reise gut vorbereitet starten, ohne Verzögerung. Vielleicht ist auf Ihrem ersten PowerPoint-Chart nur eine Zahl zu sehen – zum Beispiel eine Drei. Ihr erster Satz, der Sie sofort in Ihr Thema führt, lautet dann: „Drei Minuten dauert es durchschnittlich, bis zwei Menschen sich ineinander verlieben. In unserer Kundenberatung haben wir mehr Zeit, damit sich potenzielle Kunden in uns und unsere Dienstleistung ‚verlieben'. Ich zeige Ihnen nun, wie uns das in Zukunft gelingt …"

Zahlen sind gute Aufhänger, die Sie direkt ins Thema führen. Gegebenenfalls können Sie diese an späterer Stelle wieder aufnehmen oder Sie benutzen sie als roten Faden, der durch Ihre Präsentation weist.

Praxistipp

Diese Möglichkeit empfehle ich sehr, denn erfahrungsgemäß fällt es leicht, für ein Thema eine passende Zahl oder Statistik zu finden. „Zu 93 Prozent, meine Damen und Herren, entscheidet Ihre Körpersprache über den ersten Eindruck, den Ihre Zuhörer von Ihnen als Präsentator bekommen, und nur zu sieben Prozent der Inhalt. So, wie Sie zu Beginn Ihrer Präsentation wirken, so stellen Sie die Weichen für sich und Ihren Inhalt, den Sie repräsentieren. Ich zeige Ihnen, welche Instrumente dazu gehören und wie Sie in Zukunft diese Chance für sich nutzen können …" Dann kommt ein kurzer inhaltlicher Überblick und ich bin mitten in meiner Präsentation.

3. Mit einer verblüffenden Behauptung oder feinsinnigem Humor starten

Humor ist eine delikate Angelegenheit. Woher wissen Sie, worüber das Publikum lacht? Auch wenn Sie gelernt haben, dass gemeinsames Lachen am Anfang das Eis bricht und das sicherlich erstrebenswert ist, erzählen Sie keinen Witz, wenn dies nicht zu Ihrer selbstverständlichen Ausdrucksform gehört. Der gespielte Witz kommt beim Publikum nicht gut an. Ich kenne Präsentatoren, die einfach liebenswert komisch im Sinne von witzig sind. Aber es handelt sich dabei um ihren authentischen Ausdruck, in dem sich Humor als Augenzwinkern hindurchzieht. Wenn diese ihre Rede mit einem lockeren Spruch beginnen, dann passt das, denn es ist echt und kein Mittel zum Zweck.

Wenn Sie eine verblüffende Behauptung als Intro nutzen, dann nennen Sie Ihre These und belegen diese sofort. Lassen Sie Ihren Zuhörern keine Zeit zum Widerspruch-Formen, denn Sie möchten dafür sorgen, dass alle gemeinsam mit Ihnen auf die Reise gehen und niemand „zurückbleibt".

In meinem Präsentationstraining nutze ich dieses Mittel zum Beispiel so: „Ich weiß, dass jeder Einzelne von Ihnen ein exzellenter Präsentator ist, (kleine Pause). Zumindest in den Situationen, in denen Sie sich wohlfühlen, präsentieren Sie nach allen Regeln der Kunst. Wenn Sie Freunden oder Kollegen über eine spannende Episode aus Ihrem letzten Urlaub berichten, dann geschieht dies nach den Grundsätzen der perfekten Präsentation: Ihr Gesicht spricht Bände, Ihre Hände unterstreichen das Gesagte, die Stimme betont und vermittelt Ihre Stimmung …."

Mit dieser direkten und positiven Ansprache konzentriere ich die Aufmerksamkeit der Zuhörer und lade sie ein, mir zu folgen.

4. Der visuelle Einstieg: Nutzen Sie ein Bild als thematischen Aufhänger

„Ein Bild sagt mehr als tausend Worte." Diese Aussage trifft auf Bilder zu, die eindeutig oder selbstredend sind, denn sonst bedarf es der Erklärung durch Sie – und das ist durchaus gewollt. Sie wollen doch Ihre Zuhörer von Anfang an konsequent durch den Inhalt führen, warum also nicht mit einem Bild (Foto) die Reise beginnen? Welches Sie wählen, hängt von der Überleitungsmöglichkeit ab. Sie nutzen es als Analogie, um eine Verbindung zu Ihrem Thema herzustellen. Selbstverständlich können Sie ein humorvolles oder provokantes Bild wählen, wenn Sie sicherstellen, dass Sie damit den besten Zugang zu Ihrem Inhalt ermöglichen.

Ich erinnere mich an eine Präsentation, in der mein Team ein Konzept für die interne Kommunikation mit den Mitgliedern eines Verbandes für Landschaftsarchitekten vorstellen sollte. Das erste Chart war eine Rose, die mit Hilfe einer Animation innerhalb von drei Sekunden aufblühte. Unser erster Satz, der dann folgte, war sinngemäß: „Damit eine Rose zu voller Pracht erblühen kann, braucht sie einen Gärtner, der dafür sorgt, dass sie regelmäßig gegossen und gedüngt wird, und sie vor Schädlingsbefall schützt. Wir verstehen uns in dieser Rolle des Gärtners und zeigen Ihnen in unserer Präsentation, wie wir die interne Kommunikation mit Ihren Mitgliedern pflegen werden."

Für diese Zielgruppe und das Thema hat diese Analogie gepasst. Übrigens würde es auch reichen, ohne visuellen Effekt, also nur mit dem Sprachbild, für diese Assoziation zu sorgen. Allerdings schafft ein gut gewähltes Bild Atmosphäre, es emotionalisiert und macht es leicht für Sie, den Bogen zu Ihrer Präsentation zu schlagen.

5. Erregen Sie Aufsehen mit einem Überraschungseffekt

Finden Sie einen überraschenden Start für Ihre Präsentation, der beeindruckt und positiv auffällt. Bei der Auswahl dieses dramaturgischen Mittels sollten Sie vor allem beachten, dass es zu Ihrer Zielgruppe passt. Sonst geht der berühmte Schuss leicht nach hinten los.

So erging es einer Eventagentur, die ein Konzept zum Thema Jugendmarketing vor dem Verband einer Sparkasse präsentierte. Im Raum war die männliche, sehr konservative Führungsriege versammelt. Die Präsentatoren trugen Baseballkappen, einer hatte einen Ghettoblaster mit entsprechender Musik geschultert und vorne auf der Bühne warfen sich die drei Agenturvertreter erst einmal ein paar Slangausdrücke an den Kopf, so wie Jugendliche sie benutzen.

Sie ahnen es bereits: Das Team hat zwar überrascht, aber es kam nicht gut an, geschweige denn war es ein guter Start in die dann folgenden Inhalte. An den versteinerten Gesichtern ihrer Zuhörer konnten die Präsentatoren dies ablesen, nur war es da zu spät und die Weichen leider nicht positiv in das Thema und den Kontakt gestellt. Der Wurm sollte eben dem Fisch schmecken, nicht dem Angler.

Ein gelungenes Beispiel für den ungewöhnlichen Einstieg habe ich bei der Präsentation eines Kommunikationskonzepts für einen Autokonzern erlebt. Unsere Präsentationseröffnung war ein von uns zusammengestelltes Video. Wir haben im Vorfeld eine kurze (nicht repräsentative) Befragung von Autofahrern vorgenommen und nach dem Image der Automarke gefragt. Mit dieser dreiminütigen Einstimmung haben wir in unser Thema eingeleitet und alle Teilnehmer waren sofort ganz Ohr.

Finden Sie ein für Sie stimmiges Intro, um Ihre Präsentation stark und ungewöhnlich zu beginnen. Wenn Sie Zitate mögen, wählen Sie diesen Einstieg; haben Sie eine Affinität zu Zahlen, dann starten Sie damit. Sie sollen und müssen sich mit Ihrem Intro wohlfühlen, denn nur dann werden Sie kraftvoll und souverän die eigentliche Präsentation eröffnen.

Der Höhepunkt muss eindeutig sein

Der ungewöhnliche Einstieg stellt die Weichen in Ihr Thema, das nachhaltige Ende sorgt für den gelungenen Abschluss, die Höhepunkte (Kernaussagen) aber bilden den Anlass für Ihre Präsentation.

Das Herzstück Ihrer Präsentation sind immer die zentralen Erkenntnisse, Maßnahmen oder Argumente. Diese sind der Grund, warum Sie Ihre Präsentation halten. Es ist Ihre Aufgabe, dafür zu sorgen, dass diese Kernaussagen von allen Zuhörern als solche erkannt werden. Ich biete Ihnen zwei Techniken an, mit deren Hilfe es Ihnen in Zukunft leichtfallen wird, Ihre Höhepunkte für alle sichtbar und überzeugend zu vermitteln. Denn: „Eine Präsentation ohne erkennbaren Höhepunkt fährt vorbei wie ein Schiff in der Nacht" – und keiner hat es bemerkt. So habe ich das Zitat „Unless your advertising contains a Big Idea, it will pass like a ship in the night." von David Ogilvy („Werbepapst" aus Großbritannien), auf das Thema Präsentationen übertragen.

Für die erfolgreiche Vermittlung Ihrer Kernaussagen sind zwei Methoden unabdingbar: Die Flaggensprache und die Nutzenargumentation. Beide Techniken können Sie auch einzeln und immer dann einsetzen, wenn Sie Ihre Ideen oder Meinungen überzeugend vortragen möchten.

1. Flaggensprache

Diese Technik dient dazu, auf die nachfolgende Aussage gezielt hinzuweisen. Mit ihr bereiten Sie verbal den Boden für die dann folgende Äußerung vor.

Praxis-tipp

Sie werden die „Flaggensprache" unter diesem Namen in keinem Fachbuch finden. Ich meine damit Formulierungen wie: „Das Wichtigste ist für Sie, dass ..."; „Die nun folgenden Ergebnisse der Analyse sind für Sie von besonderer Wichtigkeit, da..." Mit dieser Technik stellen Sie sicher, dass die Aufmerksamkeit Ihrer Zuhörer auf den dann folgenden Punkt gelenkt wird.

Jedoch reicht die Flaggensprache alleine nicht aus, um zu überzeugen. Genau um dieses Ziel geht es aber: Sie möchten Ihre Zielgruppe für Ihre Sicht, Ihr Angebot, für diese Lösung des Problems gewinnen. Mit einer zweiten Technik sorgen Sie dafür, dass Ihre Zuhörer genau verstehen, was Sie Ihnen anbieten und – das ist der entscheidende Faktor – was sie davon haben werden. Die Technik, die Sie für das überzeugende Vermitteln benötigen, ist die Nutzenargumentation.

2. Nutzenargumentation

Wenn Sie einen Menschen von etwas überzeugen möchten, dann sollten Sie verdeutlichen, wozu es dem anderen dient. Übersetzen Sie den Nutzen oder Vorteil für Ihr Gegenüber, denn wenn der eigene Nutzen im Mittelpunkt steht, dann sind wir ganz Ohr und um ein Vielfaches interessierter an den Ausführungen.

Dieses Hilfsmittel gehört in jeden Werkzeugkoffer und lässt sich wie ein Kochrezept anwenden: Sie geben die Information, dann kommt ein Punkt oder Komma und anschließend folgt der von Ihnen eindeutig übersetzte Vorteil für Ihre Zuhörer. Das fällt zu Beginn nicht immer leicht, denn uns ist der Nutzen ganz klar und wir wählen Argumente, die unserer Meinung nach eindeutig darstellen, was der Vorteil ist: „Wir sind seit zwanzig Jahren Experten in der Umweltkommunikation." Aha, und was bedeutet das konkret für Ihre Zielgruppe? „Sie profitieren von unserer langjährigen Erfahrung, da wir Ihnen nicht nur erprobtes Know-how in Sachen Nachhaltigkeit zur Verfügung stellen, sondern auch über sehr gute und gewachsene Kontakte zur Fachpresse verfügen." Aber erst die folgende Ergänzung übersetzt deutlich, was der andere davon haben wird: „Der Vorteil für Sie ist, dass Sie sich darauf verlassen können, dass wir Ihre Themen den besten Multiplikatoren anbieten können." Ein zweites Beispiel: „Unsere Berater beherrschen komplexe Kommunikationsprozesse und kennen die relevanten Themen der Märkte und Zielgruppen." Schön, und was haben wir davon? „Damit stellen wir sicher, dass der Einsatz aller Instrumente effizient und zielgerichtet erfolgt und Ihr Budget optimal genutzt wird."

Mit den folgenden „Übersetzungsformeln" stellen Sie sicher, dass Ihr Publikum eindeutig mitbekommt, dass Sie ihr Wohl im Auge haben. Sie sorgen dafür, dass der Nutzen, der für den anderen in Ihrem Angebot liegt, deutlich wird, und senden auf der Beziehungsebene die Botschaft: „Sie sind mir wichtig. Ich meine Sie, und es liegt mir etwas an Ihnen." Mit dieser inneren Haltung ist die Nutzenargumentation keine „Technik", sondern Ausdruck Ihrer Wertschätzung anderen Menschen gegenüber. Das macht Sie sympathisch und wir lassen uns gerne auf Menschen und viel eher auf deren Argumente ein, wenn wir sie mögen.

Ihr persönlicher Gewinn, der für Sie in der Ausformulierung des Nutzens liegt, ist beträchtlich: Sie vermitteln auf der Beziehungsebene ein gutes Gefühl und auf der Sachebene sorgen Sie dafür, dass die anderen die guten Argumente so sehen können wie Sie. Dadurch vergrößern Sie Ihre Chance, dass man Ihnen zustimmt.

Da ich sicherstellen möchte, dass Sie Ihren Vorteil im Gebrauch dieser Technik klar erkennen, habe ich gerade die Nutzenargumentation eingesetzt.

Praxistipp

In der Nutzenargumentation geben Sie die Information und nutzen dann eine der „Übersetzungsformeln", mit der Sie in der Folge unmissverständlich darstellen, dass jetzt das Interesse des anderen in Ihrem Fokus steht:

- das bedeutet für Sie
- das hat (für Sie) den Vorteil, dass
- Ihr Nutzen liegt darin, dass

- Sie/Ihr Team profitieren davon, indem
- xy sichert Ihnen/uns
- konkret heißt das für Sie

Diese Argumentationstechnik funktioniert ebenso, wenn Sie nicht den Vorteil, sondern den Nachteil übersetzen. Sie arbeiten dann mit Ängsten – ebenfalls ein starker Motivationsgrund, um Menschen dazu zu bewegen, etwas zu tun oder zu unterlassen. Ich bevorzuge den positiven Ansatz, denn ich finde es viel attraktiver, Menschen optimistisch in meine Sicht der Dinge einzuladen. Sollten Sie die Nutzenargumentation „ex negativo" verwenden wollen, dann kehren sich die Formeln ins Negative:

- das bedeutet für Sie einen Verlust von ...
- das hat den Nachteil, dass
- das Manko liegt darin, dass
- der Schaden, den wir davon haben werden, ist ...
- wenn wir das jetzt nicht angehen, beeinträchtigt dies ...

Immer dann, wenn Sie Ihr Gegenüber für Ihre Sicht gewinnen wollen, machen Sie sich die Mühe, Ihre Perspektive zu wechseln und ihm seinen Vorteil zu „übersetzen". Beschreiben Sie nicht, was Sie toll finden, sondern machen Sie klar, was der andere davon haben wird. Entscheidend ist, dass Sie den anderen meinen. Wenn Ihre Grundhaltung anderen Menschen gegenüber von ehrlicher Wertschätzung und Respekt geprägt ist, dann ist es keine Mühe, sondern ein ehrliches Angebot, dem anderen seinen Vorteil aufzuzeigen. Es dient ihm und Ihnen gleichermaßen. Bitte setzen Sie die Nutzenargumentation daher nur punktuell und dann ein, wenn Sie einen echten Vorteil anbieten können. Sonst wird diese Technik schnell zu „Verkaufsgeschwätz".

Vielleicht erinnert Sie diese Technik an die Nebensatztechnik, die Sie im Zusammenhang mit Ihrer Selbstdarstellung kennen gelernt haben. Diese Methode belegt und bebildert das Gesagte mit einem Beispiel: „Ich kann gut organisieren, und deshalb hat man mir die Verantwortung für die Organisation der letzten Weihnachtsfeier übergeben. Es hat alles sehr gut geklappt und auch mit dem Budget sind wir ausgekommen." Die Nutzenargumentation hat einen anderen Fokus: Sie konzentriert sich auf den Vorteil, der in Ihrer Aussage verborgen liegt, und verdeutlicht diesen. Selbstverständlich können Sie diese Technik auch anwenden, wenn Sie sich und Ihre Fähigkeiten gut präsentieren möchten: „Ich kann gut organisieren." Woher soll nun Ihr Gegenüber wissen, was Sie darunter verstehen und was es für *ihn* bedeutet? Machen Sie sich die Mühe, mit Hilfe der Übersetzung der darin liegenden „Zutaten" einen klaren Nutzen aufzeigen. Zum Beispiel so: „Ich kann gut organisieren, das bedeutet für Sie und Ihr Team, dass ich gut Prioritäten setzen kann, mich für meine Projekte engagiere und außerdem zuverlässig bin." Es spricht übrigens nichts dagegen, jetzt Ihr Beispiel anzufügen.

Auf diese Art und Weise ist Ihre Aussage viel konkreter und in mundgerechten kleinen Häppchen serviert, so dass sich der Empfänger selber gar nicht mehr die Mühe machen muss, das Gesagte auf sich und sein Bedürfnis herunterzubrechen. Natürlich ist es immer möglich, dass Ihr Gegenüber die gleiche Sicht und Bewertung hat und versteht, wie Sie es meinen. Aber warum etwas riskieren, wenn Sie es doch mit dieser simplen Technik in der Hand haben, Ihre Sicht der Dinge deutlich zu vermitteln und Ihre Äußerung für den anderen attraktiv zu machen?

Im Sinne einer gelungenen Dramaturgie stellen Sie sicher, dass Ihre Kernaussagen bzw. Ihre Höhepunkte für alle deutlich erkennbar sind. Benutzen Sie die Flaggensprache zur Ankündigung und die Nutzenargumentation, um diese überzeugend zu vermitteln.

Der nachhaltige Schluss

Der letzte Teil des dramaturgischen „Vierklangs" ist der pointierte Schluss. Führen Sie Ihre Sache zu einem starken Finale und sorgen Sie vor allem dafür, dass Ihr Abschluss strategisch sinnvoll und effektiv genutzt ist.

Wie enden Ihre Präsentationen? Hat man Ihnen auch beigebracht, dass auf der letzten Folie „Vielen Dank für Ihre Aufmerksamkeit" stehen sollte? Nun, das kann man selbstverständlich machen, ich frage mich nur, warum? Ist es nicht so, dass Sie mit allergrößter Wahrscheinlichkeit genau diese Worte aussprechen werden, um sich am Ende Ihrer Ausführungen bei Ihrem Publikum für die Aufmerksamkeit zu bedanken? Warum dann diese Worte visuell mit einem Chart unterstützen? Charts sinnvoll und strategisch zu benutzen heißt, die Aussagen per PowerPoint-Chart abzubilden, die wir auf jeden Fall in die Köpfe der Zuhörer bekommen möchten. Dazu mehr im nächsten Kapitel.

Sie wissen vermutlich, dass das wichtigste Chart jeder Präsentation das letzte Chart ist. Es ist die einzige Folie, die die Chance hat, länger auf der Leinwand zu verweilen oder sogar während der gesamten anschließenden Diskussion sichtbar zu bleiben. Strategisch können wir das letzte Chart so viel effektiver und sinnvoller gestalten als mit der Floskel „Vielen Dank für Ihre Aufmerksamkeit“. Auch „Noch Fragen?“ oder die Kontaktdaten gehören meines Erachtens nicht auf das letzte Präsentations-Chart. Kontaktdaten gehören unbedingt in die Unterlagen, aber auf das abschließende Chart an der Wand sollten andere Informationen.

Praxistipp

Sie haben mit dem Ziel durch Ihre Inhalte geführt, die anderen mit auf Ihre Reise mitzunehmen, zu vermitteln, zu überzeugen, zu informieren. Dann lassen Sie sich nicht die größte Chance in Ihrem Monolog nehmen, genau das zum Schluss noch einmal deutlich zu machen. Damit ist offensichtlich, was auf Ihr letztes Chart gehört: Ihre Kernbotschaften. Egal um welche Art von Präsentation es sich handelt, das letzte Chart ist Ihr „Schlüsselchart“ und dieses bietet die Chance, Ihre gesamten Ausführungen auf den Punkt zu bringen. Sie können ein Fazit ziehen, eine Zusammenfassung der wichtigsten Punkte anbieten, die Vorteile erneut zusammentragen und Ihre Argumente wiederholen, die Ihren Inhalt auszeichnen. Dieses Chart bleibt für alle sichtbar auf der Leinwand stehen und bietet einen sinnvollen „Hintergrund“ für die dann folgende Diskussion oder Fragerunde. Natürlich können Sie am Ende Ihrer „Reise“ auch eine Brücke zu Ihrem Intro bauen, indem Sie mit dem von Ihnen gewählten Zitat, Foto oder der Zahl abschließen. Entscheiden Sie strategisch, ob Sie dies mündlich tun und Ihr Schlüsselchart mit den wichtigsten Kernaussagen für alle sichtbar stehen lassen.

Selbst wenn es in Ihrer Präsentation keinen ungewöhnlichen Start gibt oder Ihre Präsentation der reinen Informationsvermittlung dient, nutzen Sie die Kraft des nachhaltigen Abschlusses für sich. Verwässern Sie den starken letzten Eindruck, der in den Köpfen bleibt, nicht mit Floskeln. Setzen Sie einen pointierten Schluss, den Sie mit den strategisch wichtigsten Aussagen Ihrer Präsentation verbal oder per „Schlüsselchart“ visuell unterstützen.

ZUR ERINNERUNG

Präsentieren dreht sich um das „Wie“: Wie vermitteln Sie Ihren Inhalt, so dass er verstanden und nachvollzogen wird, überzeugt und Ihre Zuhörer gewinnt? Ihre Einleitung dient dem Anwärmen und lädt Ihr Publikum auf Ihre Reise ein. Das Intro stellt die thematischen Weichen; Ihre Kernaussagen und Höhepunkte vermitteln Sie eindeutig und überzeugungsstark, indem Sie den Nutzen für Ihre Zielgruppe klar übersetzen. Und dem Schluss schenken Sie Ihre ganze Aufmerksamkeit und Sorgfalt, denn dieser ist es, der in den Köpfen bleibt. Nicht Ihr Anfang.

Kapitel 7

Den Spannungsbogen gestalten: Stilmittel für „zwischendurch“

Indem Sie strategisch ausgewählt und gut platzierte Beispiele einflechten (**Storytelling**), die wichtigsten Fakten wiederholen, **Ihr Publikum direkt einbeziehen** und dennoch klar und stringent führen, gelingt Ihnen die besondere Mischung aus Information und Unterhaltung. Lernen Sie **wie ein Regisseur zu denken und zu führen**.

Dramaturgie ist die Kunst, einen Spannungsbogen zu gestalten. Damit Ihnen dies gelingt, stellen Sie sich die Frage: „Wie und in welcher Reihenfolge vermittle ich meine Inhalte? Welche Mittel setze ich ein, um Interesse zu wecken und Spannung zu erzeugen?" Ich konzentriere meine Tipps wieder auf verbale Techniken, denn ich bin sicher, dass Sie viele kreative Ideen haben, wie Sie mit zusätzlichen Hilfsmitteln wie Videos, Modellen, Screenshots von Webseiten, Zeitungsartikeln, Broschüren etc. Ihre Inhalte auflockern und bebildern. Hier liegt der Fokus wieder auf den Mitteln, die Sie bereits mit und in sich tragen und daher jederzeit einsetzen können.

Strategisch Geschichten erzählen - Storytelling

Eine der wichtigsten Techniken, um das Angebot Ihrer Inhalte abwechslungsreich und kurzweilig zu gestalten, kennen Sie bereits: Der „verabredete Dialog", den Sie in der Teampräsentation benutzen, ist eine solche Technik. Sie erzählen eine Geschichte und dieser inszenierte Bruch im üblichen Reigen der PowerPoint-Charts wird positiv bemerkt, da er Abwechslung schafft.

Praxis-tipp

Die Technik des Storytelling können Sie jederzeit alleine anwenden. Dahinter verbirgt sich die Möglichkeit, Ihre Fallbeispiele aus der Praxis, Ihre persönliche und berufliche Erfahrung mit Leichtigkeit zu vermitteln, Betonung auf Leichtigkeit. Sie bebildern damit Ihre Aussagen, Argumente und Charts, ohne diese in eine starre Form gießen zu müssen; Sie profilieren sich und präsentieren zusätzlich etwas über sich selbst, Ihr Team, Ihr Unternehmen und wirken damit sympathisch, menschlich, nahbar. Plaudern Sie, sprechen und erzählen Sie so selbstverständlich und natürlich, wie Sie das sonst auch tun. Wählen Sie strategisch aus, an welcher Stelle der Präsentation Sie Ihre Story platzieren, ohne Chart und ohne Skript. Sie „labern" nicht, das wäre das unpassende Anekdötchen-Erzählen, sondern Sie bieten Inhalt in einer sympathischen Form, strategisch platziert.

Wenn Sie anderen Menschen nicht das Gefühl vermitteln: „Jetzt steht da vorne ein Redner, der die Rolle des Präsentators einnimmt und nach gelernten Regeln präsentiert", dann spreche ich von der hohen Kunst der Präsentation. Das gelingt Ihnen!

Eine Geschichte, die ich gerne erwähne, ist mein Präsentationstraining in Kasachstan, das ich vor ein paar Jahren vor Ort durchgeführt habe. Im Rahmen eines Projektes der Deutschen Gesellschaft für Technische Zusammenarbeit (GTZ) wurden junge Unternehmensberater in Kasachstan von deutschen Experten geschult. Am Ende des Projektes sollten die Teilnehmer dann noch ein Intensivtraining bekommen, um ihre Dienstleistungen potenziellen Kunden nun auch erfolgreich zu präsentieren und zu verkaufen. Hier kam ich ins Spiel. Ein Projekt, über das ich mich heute noch freue und mich geehrt fühle, dass ich diese Gruppe mit meinem Wissen unterstützen konnte. Über einen Zeitraum von fünf Tagen haben wir uns mit den Themen, wie Wirkung entsteht und wie eine erfolgreiche Präsentation aufgebaut sein sollte, beschäftigt. Und alles, was ich Ihnen bisher über das „natürliche Präsentieren" erzählt habe, galt auch dort. Das war für mich die große Frage und auch mein Unsicherheitsfaktor. Ich sollte etwas vermitteln, was ich in meinem Kulturkreis seit Jahren erprobt hatte, aber ich hatte keine Ahnung, ob das, wovon ich überzeugt bin, auch in dieser mir fremden Kultur funktionieren würde.
Alles, was ich Ihnen in diesem Buch schildere, gilt natürlich auch für meine Seminare, die auch eine Präsentationsform darstellen. Daher habe ich mir selbstverständlich über mein Intro Gedanken gemacht. Meine Begrüßungssätze habe ich mir ins Russische übersetzen lassen, „lautmalerisch" aufgeschrieben und nachgesprochen. Da das gesamte Seminar von einer Teilnehmerin übersetzt wurde, habe ich erst einmal alle mit meiner Eröffnung verblüfft. Mit starkem Akzent habe ich ausgedrückt, wie sehr es mich ehrt, dieses Training in Kasachstan durchzuführen, und dass ich es sehr bedaure, dies nicht in Russisch tun zu können. Das Eis war so sehr schnell gebrochen und wir haben eine intensive und herzlich verbundene Woche miteinander verbracht.

Das, was ich hier mit Ihnen teile, habe ich aus einem bestimmten Grund gewählt. Ich benutze diese Anekdote, um noch einmal zu unterstreichen, wie wichtig eine gute Eröffnung ist. Und selbstverständlich habe ich mit diesem Beispiel sehr viel mehr transportiert. Was habe ich Ihnen über mich verraten?

Sie haben zum Beispiel etwas über meine Unsicherheit und Sorgen erfahren. Aber auch, dass ich als Repräsentantin für die GTZ ein solches Training durchgeführt habe, und das sagt etwas über die Qualität meines Angebots aus. Das würde ich so nicht aus- oder ansprechen, aber es schwingt in meiner Geschichte mit.

Ganz im Sinne einer gelungenen Dramaturgie darf die Technik des Storytelling auch mehr als einmal eingesetzt werden – immer strategisch ausgewählt und gezielt.

Die Technik der Wiederholung

Eine neue Information, ein Argument, das Sie nur einmal hören – klick, weg, nächster Impuls – wird schnell in Vergessenheit geraten. Präsentationen sind ein Konzentrat an Informationen und in kurzer Zeit müssen eine Fülle von Daten vermittelt werden. Wundern Sie sich nicht, wenn Ihre Zuhörer sich Ihre wichtigen Punkte, Zahlen oder Grafiken nicht gemerkt haben. Klick und weg.

Praxis-tipp

Mit der Technik der Wiederholung können Sie in Zukunft dafür sorgen, dass die wirklich wichtigen Daten nachhaltig in den Köpfen der Zuschauer verankert werden. Zumindest wird die Chance dazu vergrößert. Greifen Sie punktuell auf Daten zurück, verbal und bildlich, um diese über die Wiederholung in die Köpfe der Teilnehmer zu bringen. Fragen Sie sich, welche Informationen und Aussagen inhaltlich entscheidend sind für Ihre Präsentation, und scheuen Sie sich dann nicht, eine Folie mit wesentlichen Punkten noch einmal zu präsentieren.

Oder sorgen Sie für echte Nachhaltigkeit mit der alten Formel: „Wer schreibt, bleibt." Der Nachteil von PowerPoint ist, dass die Informationen sofort verschwinden und neuen Platz machen. Nutzen Sie das Flipchart, um den Stichworten dauerhaft Raum zu geben, die Ihnen besonders am Herzen liegen. Das sollten Ihre Kernaussagen sein, Ihr Motto oder Leitmotiv, besonders wichtige Zahlen – was immer Sie präsent sein lassen möchten. Bereiten Sie das Flipchart vor und enthüllen oder blättern Sie es auf. Sie können Ihr Chart auch live entstehen lassen. Da Sie beim Schreiben Ihrem Publikum den Rücken zudrehen müssen, schreiben Sie Ihr Stichwort auf, drehen Sie sich wieder um, nehmen erneut Kontakt auf und sprechen dann erst weiter.

Damit wir uns nicht missverstehen: Die Technik der Wiederholung ist ein strategisches Instrument und muss sorgsam und überlegt eingesetzt werden. Es geht nicht um Redundanzen oder langweiliges Nacherzählen.

Kurze Unterbrechung Ihres Monologs

Auch mit diesem Tipp möchte ich Sie wieder einladen, aus einer alten Form auszubrechen: Wer hat gesagt, dass man in Präsentationen das Publikum nicht mit einbeziehen darf?

Praxistipp

Im Sinne einer variantenreichen Gestaltung Ihrer Präsentation gibt es selbstverständlich die Möglichkeit, die Ebene des Monologs zu verlassen. Sie können diesen Modus punktuell unterbrechen und eine Variante einbringen: die Interaktion mit dem Publikum durch sorgfältig ausgewählte Fragen. Bitte bedenken Sie, dass Sie Ihre Bühne in dem Moment für andere Redner öffnen, in dem Sie diese Form verlassen und den Dialog anbieten. Gehen Sie sparsam mit diesem Instrument um, denn Sie möchten doch sicherstellen, dass Sie die Führung behalten und pünktlich mit Ihren Ausführungen fertig werden.

Fragen, um die Teilnehmer Ihrer Präsentation für einen Moment einzubinden, sind zum Beispiel:

- eine Impulsfrage
- eine Quizfrage
- eine Auktionsfrage
- eine Aufhängerfrage

1. Impulsfragen

Stellen Sie eine einfache, offene Frage und sammeln mögliche Antworten dazu, die von den Teilnehmern wie beim Brainstorming (ohne Diskussion und Kommentar) eingeworfen werden. „Was ist hier die beste Lösung? Welche Erfahrungen haben Sie mit xy gemacht? Was würden Sie konkret verändern, um … zu …?" Sie greifen Impulse punktuell auf und benutzen diese, um wieder in Ihr Thema zu führen. Diese Art der Frage ermöglicht echte Interaktion mit Ihren Zuhörern, allerdings kostet sie Zeit.

2. Quizfragen

Stellen Sie eine Alternativfrage, in der Sie die möglichen Antworten vorgeben: „Was meinen Sie, welche Möglichkeit ist die beste: A? B? oder C?" Wie bei einem Quiz impliziert diese Frageart „richtig" und „falsch". Seien Sie sich dessen bewusst, dass, wenn eine Antwort falsch sein kann, sehr schnell das Spiel „Gewinner/Verlierer" aktiviert wird, und das ruft meistens „die Mutter aller Konflikte" auf den Plan: „Ich habe Recht!" Das kann dazu führen, dass nun die Teilnehmer kontrovers diskutieren und Rechtfertigungen angeregt werden. Unterbinden Sie diese, indem Sie klar sagen, dass es Ihnen um die Einschätzungen und persönlichen Sichtweisen der Anwesenden geht, nicht um richtig oder falsch.

3. Auktionsfragen

Der Fokus liegt auf Zahlenmaterial und spielt mit dem „Wer-bietet-mehr"-Gedanken. Wenn Sie Studienergebnisse, Zahlenmaterial oder Daten vorstellen, können Sie das Publikum wunderbar mit einbeziehen; fragen Sie nach seinen Einschätzungen. Ich benutze dieses Mittel gelegentlich, indem ich meine Teilnehmer frage, wie sie prozentual die Wichtigkeit des Inhalts im Vergleich zur Köpersprache einschätzen, wenn es um einen guten Eindruck und Wirkung geht. Zahlen werden in den Raum gerufen, die ich nicht kommentiere. Ich fordere auf, weitere Schätzungen vorzunehmen, es sei denn, „meine" Zahlen werden genannt. Damit leite ich in mein Thema oder zu meinem nächsten Chart über.

4. Aufhängerfragen
Das sind Fragen, auf die sich Teilnehmer nur melden sollen, aber keine Antwort geben. „Wer von Ihnen hat in den letzten drei Monaten ein ineffektives Meeting erlebt?" oder „Wer von Ihnen hat gute/schlechte Erfahrungen mit xy gemacht?" Sie nehmen die Handzeichen wahr und kommentieren diese kurz, um sie in Ihr Thema zu integrieren. „Ich sehe, das sind einige von Ihnen. Dann haben Sie selbst ein Gefühl zu …" Diese Art der Fragestellung ist eine elegante Möglichkeit, Ihr Publikum mit Ihrem Thema zu verbinden.

Besonders authentisch sind alle diese Methoden, wenn sie keine Mittel zum Zweck sind, sondern Sie diese Fragen stellen, weil es Sie wirklich interessiert. Das merken Ihre Zuhörer und sie fühlen sich tatsächlich gemeint. Haben Sie keine Angst vor kleinen und gezielt eingesetzten Brüchen im Monolog. Sie sorgen damit für Abwechslung, aktivieren Ihre Teilnehmer und geben anderen für einen kurzen Moment Aufmerksamkeit, indem Sie sie in Ihre Präsentation einbinden.

Führen Sie Regie im Kopfkino Ihrer Zuhörer

Ein weiteres Mittel, mit dem Sie Ihre Präsentationen dramaturgisch gestalten, sind Bilder. Dazu gehören die Fotos in Ihren Charts, um diese aufzulockern und Inhalte zu illustrieren, aber auch Sprachbilder, durch Sprache kreierte Bilder. Welche Fotos Sie wählen, ob diese links oder rechts stehen und wie groß diese sein sollten, dafür gibt es Experten, die in der visuellen Gestaltung von PowerPoint-Charts zuhause sind. Da mein Fokus auf den Möglichkeiten liegt, auf die Sie jederzeit in sich selbst zurückgreifen können, bleiben wir bei Sprachbildern.

Ihr Ziel ist es, Ihre Ideen und Informationen in andere Köpfe zu transportieren. Laden Sie Ihre Zuhörer dazu in Ihre Bilderwelten ein, beschreiben Sie, was in Ihrem Kopf klar und vor Ihrem geistigen Auge sichtbar ist. Emotionalisieren Sie Ihren Inhalt, indem Sie eine Situation „ausmalen", und gestalten Sie über eindeutige und bildhafte Sprache das „Kopfkino" Ihrer Zuhörer. Die Eindeutigkeit ist wichtig, da alle Zuhörer Ihnen blind folgen und Sie Ihre Bilder in der Fantasie der Teilnehmer entstehen lassen. Wenn ich von der Technik der Flaggensprache spreche, dann wähle ich bewusst eine bildhafte Sprache, um diese zu illustrieren.

Wählen Sie Ihre Informationen aus, die Sie „ausmalen" und mit Sprachbildern veranschaulichen möchten. Mit diesem Stilmittel verhelfen Sie Ihrer Präsentation zu mehr Spannung, emotionalisieren diese und vermitteln Ihre Informationen auf kurzweilige und spannende Art und Weise.

Seien Sie Ihr eigener Regisseur - Die Formel für eine klare Struktur

Wie der Leiter einer Reisegruppe führen Sie Ihre Zuhörerschaft an und lotsen diese durch Ihren Inhalt. Machen Sie sich bewusst: Laufen Sie im Zickzack, drehen Sie sich inhaltlich im Kreis oder führen Ihre Sätze in eine Sackgasse – überallhin folgen Ihnen die Teilnehmer. Damit Sie sich selbst zielorientiert und infolge auch Ihre Zuhörer durch den Inhalt führen können – das A und O jeder Präsentation –, wenden Sie eine einfache Faustregel an.

Praxis-tipp

Im Sinne einer gelungenen Dramaturgie definieren Sie für Ihre Präsentation

- die Einleitung
- den Aufmerksamkeit schaffenden Start (Intro)
- den Höhepunkt oder die Kernaussage(n) und
- den nachhaltigen Schluss.

Dieselbe Systematik wenden Sie dann für jeden Themenabschnitt Ihrer Präsentation und selbstverständlich auch für jedes einzelne Chart an. Gedanken zur Einleitung machen Sie sich nur für den Beginn Ihrer Präsentation oder wenn ein Kollege zu Ihnen überleitet. Ansonsten fragen Sie sich immer wieder: Wie fange ich an? Was ist meine Kernaussage und wie beende ich dieses Chart wirksam und pointiert? Auf diese Art und Weise strukturieren Sie Ihren Inhalt und stellen sicher, dass Sie stark beginnen, Ihre wichtigsten Aussagen deutlich erkennbar sind und das Ende pointiert ist.

Im zweiten Schritt wählen Sie dann Stilmittel aus, um Ihre Inhalte lebendig, natürlich und spannend zu vermitteln. Legen Sie fest, an welcher Stelle Sie ein Fallbeispiel erzählen (Storytelling), wann Sie die Flaggensprache und die Nutzenargumentation einsetzen und eine Frage an Ihr Auditorium stellen. Im Fokus steht die Frage nach der guten Vermittlung Ihres Themas: *Wie* präsentieren Sie Ihren Inhalt?

Eine weitere Erfolgsformel, die Sie immer wieder anwenden können, um sich selbst inhaltlich zu führen (*Was* präsentieren Sie?), ist folgende Dreierkombination:

1. Sagen Sie den Leuten, was Sie Ihnen sagen werden.
2. Sagen Sie es.
3. Dann sagen Sie, was Sie gesagt haben.

Übersetzt heißt das für Ihre gesamte Präsentation, dass Sie einen kurzen Ausblick über das Thema geben (Agenda), dann darüber sprechen und am Ende das Wichtigste zusammenfassen. Wenden Sie diese Formel auch für jedes einzelne „Kapitel" Ihrer Präsentation an. Die Idee dahinter ist, dass Sie Ihre Zuhörer immer wieder auf eine Reise einladen und diese werden Ihnen sehr viel lieber folgen, wenn sie eine Idee haben, wohin die Reise geht. Wer folgt schon gerne blind und noch dazu über längeren Zeitraum? Der Zusatzeffekt ist, dass Sie sich selbst strukturieren und damit sicher durch Ihre Ausführungen führen können. Mit den Stilmitteln aus diesem Kapitel und der Formel für eine gelungene Eigenregie gestalten Sie Ihre Präsentation dramaturgisch.

ZUR ERINNERUNG

Spannung zu erzeugen und Interesse nicht nur zu wecken, sondern es während der Präsentation zu halten, ist die Aufgabe des Präsentators. Indem Sie strategisch Geschichten (z.B. Fallbeispiele) einstreuen, die wichtigsten Fakten wiederholen und Ihren Monolog zu Gunsten einer gezielten Interaktion mit Ihren Zuhörern unterbrechen, erleichtern Sie es Ihrem Publikum, Ihre Informationen aufzunehmen. Sie selbst lotsen sich (und entsprechend alle, die Ihnen folgen) mit Leichtigkeit durch Ihre Präsentation, indem Sie sich (pro Chart) klarmachen, wie Sie anfangen, was der wichtigste Punkt ist und wie Sie enden.

Kapitel 8

Erfolgreich „trotz“ PowerPoint - Charts sinnvoll einsetzen

Machen Sie es Ihrem Publikum leicht, den **Inhalt nachzuvollziehen**, indem Sie diesen reduziert anbieten, passend visualisieren und **sinnvoll aufbauen**. Ihre Folien sollten den Gesetzmäßigkeiten der menschlichen Wahrnehmung entsprechen und Ihnen als Lotse das **Führen durch den Inhalt leicht machen**. Mit einem neuen Fokus und wenigen Handgriffen gelingt dies.

„Präsentieren Sie mit PowerPoint oder haben Sie etwas zu sagen?" ist inzwischen ein geflügeltes Wort, denn der Präsentationsalltag in Deutschland sieht in den meisten Fällen so aus: Klick und weg, Klick und weg und das nächste Chart fliegt an die Wand. Im ICE-Tempo angeboten wird eine Fülle an Inhalten in Folien gepresst, vollständige Texte machen aus Zuhörern Leser und im schlimmsten Fall reproduziert der Präsentator den für alle bereits sichtbaren Inhalt.

Auf diese Art und Weise macht ein Redner sich als Lotse durch den Inhalt überflüssig und es sich selbst und seinem Publikum unnötig schwer. Vollständige Texte auf Folien lassen wenig bis gar keinen Spielraum für strategisches und natürliches Präsentieren. Charts dienen der visuellen Darbietung Ihres Inhalts und sie vergrößern die Chance, dass das Gesagte in Erinnerung bleibt. Gleichzeitig sind sie ein Leitfaden für Sie als Redner und erzeugen über Bilder Emotionen und Stimmung. Das ist Sinn und Zweck von Charts. Die wichtigste Rolle in der Präsentation spielen immer Sie, denn Sie führen durch die Inhalte und vermitteln diese.

Raus aus der Präsentationsfalle

In dem Moment, in dem Sie einen Inhalt präsentieren und Charts zur visuellen Unterstützung und Begleitung Ihres Vortrags benutzen, laden Sie Ihre Zuhörer ein, auch Zuschauer zu sein. Sobald Sie ein „Bild" – ein Chart wird als visueller Impuls wahrgenommen – zeigen, bedenken Sie bitte die Gesetzmäßigkeiten des menschlichen Wahrnehmens. Wir nehmen einen Reiz durch die Rezeptoren unserer Sinnesorgane wahr, der dann im Gehirn verarbeitet wird. Unsere Erfahrungen, Gefühle, Erwartungen und Einstellungen beeinflussen unsere Wahrnehmung und „färben" sie. Mit dem Ziel, unser Überleben zu sichern (zumindest war es in der Urzeit so), prüft unser Gehirn in Millisekunden den Impuls, bewertet diesen und lässt uns dann entsprechend reagieren. Ein Chart, das Sie zeigen, ist ein solcher Reiz und daher muss alles, was auf Ihrem Chart steht, von Ihrem Publikum geprüft, sprich gelesen werden. Wir verschaffen uns einen Überblick, um angemessen reagieren zu können. Ihr Zuhörer hört Ihnen erst dann wieder zu, wenn alle sichtbaren Informationen eingestuft worden sind.

Mit einem vollständigen Text auf Ihrem Chart können Sie nicht führen, Ihren Inhalt nicht strategisch aufbauen, sondern Sie reproduzieren nur das, was bereits für alle sichtbar ist. Das ist weder spannend noch birgt es einen Nutzen, denn lesen kann Ihr Zuhörer selbst. Präsentieren heißt aber: Sie führen Menschen durch ein Thema, um zu informieren oder von etwas zu überzeugen.

Die Falle für jede gute PowerPoint-Präsentation ist, dass wir unsere sorgfältig vorbereiteten Präsentationsunterlagen eins zu eins an die Wand werfen. Unterscheiden Sie zwischen einer Präsentation, die als visuelle Unterstützung für Ihren Vortrag gezeigt wird, und der Dokumentation Ihres Vortrags, die Sie aushändigen.

Wenn Sie in Zukunft Ihre Charts schreiben, seien Sie sich dessen bewusst, dass Sie Ihre Konzeption bzw. das Handout erstellen. Sie tragen alle Details und Argumente zusammen und lassen diese in gewissenhaft formulierten Sätzen zusammenfließen. Das ist der notwendige Prozess, um ein Thema zu durchdringen. Für diese Art der Vorbereitung gelten die Gesetze des „Schreib- oder Lesemodus", der für Ihr Handout perfekt ist. Die Unterlagen, die Sie nach Ihrem Vortrag aushändigen, benötigen vollständige Sätze, Details und eine Fülle von Informationen, damit der Inhalt später nachvollzogen werden kann.

Eine Präsentation – das bildhafte Zeigen von Inhalten – folgt anderen Regeln: Sie sind der Transmitter des Inhalts und Ihre Charts unterstützen Sie lediglich dabei. Demzufolge benötigen Sie für Ihre „Live-Präsentation" eine reduzierte Variante, die Sie präsentieren. Erst nach der Erstellung Ihrer Charts, die optimal für Ihr Handout sind, machen Sie sich Gedanken über das „Wie", also: Wie vermitteln Sie Ihren Inhalt und bieten diesen in der Präsentation dar? Mit diesem Fokus widmen Sie sich jedem einzelnen Chart und wenden drei einfache Schlüssel für einen perfekten Präsentationsmodus an. Sie heißen: Reduktion. Reduktion. Reduktion.

Praxis-tipp

1. Reduktion: Begrenzen Sie die Fülle Ihres Materials, damit meine ich konkret die Anzahl Ihrer Charts, die Sie zeigen werden. Brauchen Sie dieses Chart tatsächlich, um Inhalt zu transportieren, oder könnten Sie dies viel charmanter und freier ohne visuelle Unterstützung sagen?

2. Reduktion: Verringern Sie den Inhalt auf Ihren Folien, indem Sie nur die Schlüsselwörter Ihrer vollständigen Sätze stehen lassen. Erlaubt das Chart, dass Sie Auskunft dazu geben und die Geschichte „hinter" der Folie erzählen?

3. Reduktion: Die dritte Verringerung der sichtbaren Textmenge erzielen Sie durch Animation, das punktuelle Angebot des Inhalts in sinnvoller Reihenfolge. Stellt das Chart sicher, dass Sie die Führung in der Hand haben und den Inhalt dramaturgisch aufbauen können?

1. Reduktion: Schaffen Sie Platz für Ihre Führung

Haben Sie den Mut, Ihre sorgsam zusammengetragenen Informationen für die Präsentation zu reduzieren und diese sehr gezielt auszuwählen. Jetzt werden Sie vielleicht entgegnen, dass Sie aber doch jedes einzelne Chart erstellt haben, weil es Bedeutung und Wichtigkeit hat. Das stimmt – und genau aus diesem Grund soll auch keines Ihrer Charts gelöscht werden. Ich bitte Sie nur darum, genau zu überprüfen, ob es sich um wertvolle Hintergrundinformationen oder schmückendes Beiwerk handelt und daher ins Booklet gehört und nicht auf die Leinwand. Charts strategisch einzusetzen, ist das Gebot der Stunde und dazu gehört es, dass Sie entscheiden, welche Ihrer Inhalte wirklich gezeigt werden sollten, welche frei sprechend hinzugefügt werden und welche ins Handout gehören. Sie führen! Nebenbei bemerkt, es ist nicht sportlich, wenn Redner hundert Charts in dreißig (oder sechzig) Minuten präsentieren, sondern eine Reizüberflutung.

Benötigen Sie tatsächlich Folien, auf denen die Überschrift des nächsten Abschnitts genannt wird? Dies kennen wir als Trennblätter aus Büchern und dort sind sie sinnvoll. Ich erlebe fast immer, dass der Präsentator zu einem solchen Trennblatt sagt: „Kommen wir nun zum Teil xy." Klick. Wo ist hier die Information, die einer visuellen Unterstützung bedarf? Prüfen Sie, ob Sie nicht sehr viel freier und eleganter mündlich überleiten können. Lassen Sie das Chart, bevor der nächste Abschnitt beginnt, stehen und leiten sprachlich zum nächsten Teil über. Das hat den Vorteil, dass diese Folie länger stehen bleibt und von den Zuhörern damit auch länger wahrgenommen wird.

Praxis-tipp

Wenn Sie eine wirkliche Zäsur benötigen, um überzuleiten, benutzen Sie die B-Taste (b für black) Ihrer Computertastatur, um den Bildschirm zu schwärzen, oder die entsprechende Funktion an Ihrer Funkmaus, mit der Sie die Charts weiterklicken. Eine effektvolle visuelle Unterbrechung, die Ihnen alleine die Bühne überlässt, ohne jede Ablenkung. Mit der B-Taste stellen Sie den Bildschirm wieder her und gehen in Ihrem Inhalt weiter.

Wenn Sie Ihre „Trennfolien" wie bisher einsetzen möchten, dann nutzen Sie diese strategisch, um zusätzliche Informationen oder einen Überblick des nächsten Themenabschnittes anzubieten. Wenden Sie den ersten Teil der Erfolgsformel an: „Sagen Sie den Leuten, was Sie Ihnen sagen werden."

Welche Charts können Sie in Zukunft noch einsparen? Ich bin mir sicher, da gibt es einige, und ich möchte in diesem Kontext das klassische Übersichts-Chart, die Agenda, in Frage stellen. Fast alle Präsentationen führen in das Thema mit einer Agenda ein und das ist gut so, denn Ihre Zuhörer möchten wissen, wohin die Reise geht. Benötigen Sie aber tatsächlich eine Visualisierung für vier Punkte? Sollte Ihre Präsentation die Bereiche Analyse, Ziele, Zielgruppen und Maßnahmen erläutern, dann frage ich Sie, wozu Sie ein Agenda-Chart benötigen? Sagen Sie genau das, was auf diesem Chart zu sehen ist? „In den nächsten dreißig Minuten stelle ich Ihnen die Ergebnisse der Analyse vor; wir sprechen über die Ziele und die dazugehörigen Zielgruppen und dann kommen wir zu den Lösungen." Ich bin sicher, das können Sie garantiert ohne Chart und viel charmanter und interessanter, als ich es hier formuliert habe.

Es ist der Moment der Präsentation, in der wir uns im „zweiten ersten Eindruck" befinden. Hier werden die Weichen für Sie persönlich gestellt. Möchten Sie nicht gleich zu Beginn den Eindruck erwecken, Sie (nicht Ihre Charts) haben die Führung souverän inne? Sie wissen, worüber Sie in den nächsten Minuten sprechen werden: Dann tun Sie es doch einfach. Bevor Sie eine Folie bemühen, um den Themenüberblick an die Wand zu werfen, erzählen Sie doch einfach, was Sie mitgebracht haben. Plaudern Sie über die einzelnen Stationen der gemeinsamen Reise, machen Sie neugierig und kreieren Sie Lust auf mehr. Das sollten – ich persönlich finde sogar müssten – Sie auswendig können.

Wenn Sie schwierige und umfangreiche Inhalte vermitteln, dann hat die Agenda einen strategischen Zweck. Sie gibt nicht nur den Überblick über den Inhalt, sondern ist ein Leitsystem, das Ihre Zuhörer immer wieder an die Hand nimmt und verdeutlicht, wo Sie gerade im Thema stehen. In diesem Fall nutzen Sie die Agenda auch als visuelle Darstellung in allen Charts. Das kann als Fußleiste, farbiges Leitsystem oder „Reitersystem" wie in einem Karteikasten umgesetzt werden. Alternativ händigen Sie die Agenda aus oder schreiben sie aufs Flipchart, dann können Sie immer wieder darauf verweisen.

Über das in Präsentationen übliche letzte Chart „Vielen Dank für Ihre Aufmerksamkeit" haben wir im Hinblick auf ein strategisch sinnvolles Ende schon gesprochen. Verzichten Sie auf Charts, deren Inhalt Sie sympathischer und authentischer selbst vortragen können und deren Informationen keine Visualisierung bedürfen. Mit diesem Fokus werden Ihnen weitere Charts in Ihren Konzeptionen auffallen, die nicht wirklich gezeigt werden müssen. Ich erlebe zum Beispiel immer wieder, dass „Grundsatz-Charts" mit den harten Fakten zum Unternehmen oder zur Agentur, also Mitarbeiteranzahl, Standorten, Name des Geschäftsführers usw. präsentiert werden. Wenn diese Informationen so reduziert gezeigt werden, dass noch Raum für die zusätzlichen, spannenden Auskünfte oder ein Storytelling des Präsentators bleibt und diese auch gegeben werden, dann ist es ein gutes Chart und es dient als (visuelle)

Stütze. Ein guter Redner sollte genau diese Informationen frei und ungestützt anbieten können. Er ist doch der Repräsentant eben jenes Unternehmens. Mich verwundert es immer, wenn diese Angaben nicht selbstverständlich angeboten werden, im Plauderton und ohne Visualisierung. Plaudern ist die hohe Kunst der Präsentation. Damit Ihnen das in Zukunft leicht gelingt, sorgen Sie dafür, dass Ihre Charts Raum dafür bieten.

2. Reduktion: Schlüsselwörter statt Bleiwüsten

Der Schlüssel für Ihre erfolgreiche Präsentation heißt weiterhin „Reduktion". Diesmal meine ich das Verringern des Textes innerhalb Ihrer Charts. Das ist ein Muss, wenn Sie sicherstellen möchten, dass man Ihnen zuhört und die Teilnehmer der Präsentation ohne Ihre Führung mit dem Chart nicht viel anfangen können. Dies gilt ausschließlich für den Präsentationsmodus, nicht aber für Ihre Unterlagen.

Machen wir die Probe aufs Exempel und sehen Sie selbst, was geschieht, wenn Ihnen ein Chart mit vollständigem Text angeboten wird. Stellen Sie sich vor, Sie sitzen in meinem Vortrag und zum Thema Stimmtraining erscheint folgende Folie auf der Leinwand:

Übungen für eine saubere Aussprache:

1. *Lesen Sie in einem Abstand von zwei Metern vor einem Mikrofon einen Text flüsternd vor, und zwar so laut, dass das Mikrofon die Stimme noch aufnimmt. Die Aussprache ist dann in Ordnung, wenn man den Text verstehen kann. Beim Flüstern muss man besonders deutlich sprechen, um verstanden zu werden, und alle Gesichtsmuskeln werden beim Flüstern bewegt.*
2. *Machen Sie Sprechübungen mit Buchstabenkombinationen: Bitte bedecke mich, bitte gib mir die Bettdecke, etc.*
3. *Überartikulation, das überbetonte deutliche Aussprechen, verhindert, dass Sie zu schnell sprechen, da der Fokus auf der Aussprache liegt. Klemmen Sie sich beim Sprechen einen Korken zwischen die Vorderzähne und sprechen Sie so, dass man den Unterschied mit oder ohne Korken nicht mehr hört.*
4. *Um den Kehlkopf „einzuschwingen", tonen Sie fünf Minuten ein „E" mit dem Ausatmen. Mit neuem Atem neu einsetzen.*

5. Machen Sie Pausen und nutzen Sie diese für einen bewussten Atemzug. Jeder Chartwechsel bietet eine natürliche Möglichkeit für eine Pause. Und denken Sie daran: Ähms sind nur Pausen mit Soundtrack.

Jetzt haben Sie den ganzen Text gelesen und damit bin ich als Lotse unnötig, denn alle Informationen sind sichtbar. Sollte ich parallel dazu referieren, hört mir niemand zu, da alle damit beschäftigt sind, zunächst das aufzunehmen, was das Chart beinhaltet.

Mit der zweiten Reduktion stellen Sie sicher, dass Ihre Charts für Sie als Redner einen guten Leitfaden darstellen, sie dramaturgisch sinnvoll sind und Ihr Publikum ohne Ihre Führung nicht auskommt. Löschen Sie alle Wörter bis auf die für Sie als Stichworte notwendigen „Schlüsselwörter". Das sind die Anhaltspunkte, wie auf einem Spickzettel, damit Sie sich daran erinnern, was Sie auf jeden Fall erwähnen müssen. „Schlüsselwörter" können auch Satzfragmente sein, nur eben keine vollständigen Sätze. Sie ergänzen und vervollkommnen diese verbal und vermitteln die Hintergrundinformationen, die darin verborgen liegen. Das ist Ihre Aufgabe als Präsentator. Und keine Sorge, Sie lassen genau so viel Inhalt auf der Folie stehen, wie Sie benötigen, um an alle Informationen zu denken. Es spricht nichts dagegen, ein paar zusätzliche Stichworte auf einen Zettel (z.B. auf Karteikarten) zu notieren und diese dann wie einen echten Spickzettel zu benutzen. Mit der Technik des Sprech-Denkens können Sie diesen natürlich und authentisch nutzen und sich selbst eine Erinnerungsstütze anbieten.

Reduziert auf Schlüsselwörter sieht mein Chart zum Thema Stimmtraining so aus (in Klammern habe ich die Fragmente gesetzt, die ich ebenfalls weglassen könnte):

Übungen für eine saubere Aussprache:

1. Vor einem Mikrofon einen Text flüstern (und besonders deutlich sprechen)
2. Sprechübungen (mit Buchstabenkombinationen)
3. Überartikulation – einen Korken beim Sprechen zwischen die Vorderzähne klemmen (verhindert, dass Sie zu schnell sprechen)
4. Kehlkopf „einschwingen" (mit „E")
5. Chartwechsel bieten eine natürliche Möglichkeit für eine Pause

Ohne meine Erklärungen und zusätzlichen Informationen können Sie wenig mit dem Chart anfangen – und das ist gut so, denn ich möchte Ihnen ja die „Geschichte" zu den einzelnen Punkten vermitteln. Sollte ich mir die Hintergrundinformation zum Beispiel in Punkt zwei „Sprechübungen" nicht merken, dann kommt mein echter „Spickzettel" zum Einsatz, den ich ganz natürlich mit „Sprech-Denken" einsetze:

„Lassen Sie mich kurz auf meinen schlauen Zettel schauen, damit ich keine der für Sie wichtigen Informationen vergesse. Zu Punkt 2: Sprechübungen helfen Ihnen, den Sprachapparat einzuschwingen. Durch das klare Artikulieren von Wortkombinationen, die mit dem gleichen Buchstaben anfangen – z.B. Bitte bedecke mich mit Bettdecken – üben Sie das betonte und saubere Aussprechen."

Praxis-tipp

Schlüsselwörter sind Ihr Werkzeug für die Reduktion von Textwüsten. Egal, ob Sie die Charts formvollendet für das Booklet selbst erstellt haben oder für einen Kollegen einspringen und Ihnen fremde Folien vortragen. Nehmen Sie sich den Moment der Vorbereitung (wie sonst auch) und gehen mit dem „Rotstift" bzw. der „Löschen-Taste" durch die einzelnen Seiten. Lassen Sie genau die Passagen, Wörter und Fragmente stehen, die einen Anker in Ihrem Kopf für die dahinter liegenden Informationen bilden. Dabei gibt es kein Richtig oder Falsch, denn es kann jeder nur für sich selbst entscheiden, was die besten Stichworte sind.

3. Reduktion: Inhalte strategisch aufbauen durch sinnvolle Animationen

Der Vorteil, den PowerPoint im Gegensatz zu den früheren Overheadfolien oder Dias bietet, ist das Einblenden von Inhalten durch die Funktion „Animation". Wenn Sie sicherstellen möchten, dass Ihre Argumente Schritt für Schritt nachvollzogen werden und man Ihnen zuhört, dann geht kein Weg an strategisch sinnvoller Animation von Charts vorbei. In dem Moment, in dem Sie Ihren Inhalt nicht aufbauen, geben Sie die Führung ab und überlassen es Ihren Zuhörern, an welcher Stelle sie zu lesen beginnen oder worauf sie sich konzentrieren. Da dies nicht in Ihrem Sinne sein kann, nutzen Sie in Zukunft eine zielgerichtete Entfaltung Ihrer Punkte, indem Sie diese nacheinander erscheinen lassen. Welche Form der Animation Sie wählen, einblenden, einfliegen, von rechts oder links, ist Geschmackssache. Bleiben Sie einfach bei einer Art und Weise, denn hier geht es nicht um die Vielfältigkeit von Animationsmöglichkeiten und Abwechslung, sondern um eine sinnvolle Funktion.

Sollten Sie bisher keine Animationen genutzt haben, mag es daran liegen, dass sie in Verruf geraten sind, vermutlich weil in den Anfängen von PowerPoint mit dieser Funktion wilde Experimente gemacht wurden: Es drehte, trudelte, Buchstabe für Buchstabe kam einzeln angeflogen – und das alles mit Soundtrack hinterlegt. Die Frage, die sich aufdrängt, ist: Wozu dient diese Art des Aufbaus? Animationen in dieser Form sind Spielerei, denn sie haben keinen strategischen Nutzen und dementsprechend keinen Wert für unsere Führung. Wir sprechen hier aber von einer zweckmäßigen und geplanten Anwendung der Funktion und diese ist für eine professionelle Präsentation ein Muss. Bitte bedenken Sie dieses Grundprinzip auch für die Gestaltung mit dem Präsentationsprogramm Prezi.

Konkret heißt das: Prüfen Sie jedes einzelne Chart daraufhin, in welcher Reihenfolge Ihre Bausteine dargeboten werden sollten, damit sie sinnvoll ineinander greifen, Ihre Zuhörer Ihren Ausführungen folgen und Sie die Führung durch den Inhalt gewährleisten können. Dazu ist es übrigens nicht notwendig, jeden Punkt einzeln einzublenden. Das wäre dann ein neues Korsett, in das Sie sich zwängen würden, und genau dem möchte ich mit meinen Tipps entgegenwirken. Nur Sie selbst können entscheiden, was Ihrem Inhalt dient. Wie sollte er strukturiert sein? Es kann Sinn machen, gleich mehrere Punkte (diese sind ja auf Schlüsselwörter reduziert) aufzuzeigen. Oder Sie haben mehrere Säulen, in denen sich Stichworte befinden. Dann lassen Sie Säule für Säule hinzukommen. Das, was Sie vermitteln wollen, gibt die Reihenfolge vor.

Ein Hinweis zu vielschichtigen Grafiken: Eine Grafik ist ein Bild, das aus einer Vielzahl von Elementen besteht – Farben, Farbcodierung, Achsen, Formen, Text, Zahlen. Für Sie, den Experten oder Gestalter der Grafik, sind die umfassenden Zusammenhänge auf den ersten Blick eindeutig. Für Ihre Zuhörer nicht. Deshalb ist es notwendig, dass Sie Ihre Grafiken und Diagramme daraufhin überprüfen, ob sie der besseren Verständlichkeit halber nicht mit Hilfe stimmiger Animation aufgebaut werden müssen. Es kann ausreichend sein, eine Stelle mit einem farbigen Kreis hervorzuheben, den Sie mit dem nächsten Mausklick einfliegen lassen. So gelingt es Ihnen, das Gesagte zeitgleich zu bebildern, es stark zu untermauern und sich selbst und Ihre Zuhörer durch die tieferen Ebenen der Grafik zu führen. Und auch hier gilt, dass nicht jeder einzelne Punkt, Pfeil oder Textbaustein einzeln eingeblendet werden muss.

ZUR ERINNERUNG

Mit den drei Schlüsseln: Reduktion der Charts, Reduktion des Textes auf Schlüsselwörter und Reduktion der sichtbaren Punkte durch strategisch sinnvolle Animation haben Sie es in der Hand, Ihre Teilnehmer tatsächlich durch Ihren Inhalt zu führen. Ihre gesamte Präsentation und Ihr Auftritt gewinnen durch den richtigen Einsatz von Charts, denn so sorgen Sie dafür, dass man Ihnen zuhört. Sie, nicht Ihre Charts, vermitteln den Inhalt! Nutzen Sie die gewonnene Redefreiheit, um die vorher ausgewählten dramaturgischen Mittel sympathisch einzusetzen. Plaudern Sie und erzählen Sie die Geschichte „hinter" der Folie. Und erinnern Sie sich: Sie sind es, der Ihrer Präsentation Persönlichkeit und Sympathie verleiht.

Kapitel 9

„Das kann nicht sein …“ – Wenn der Monolog zum Dialog wird

Bleiben Sie auch dann **souverän in Führung**, wenn Kritik und Einwände Ihre Ausführungen unterbrechen. Begreifen Sie dies als Chance, Ihren Inhalt noch genauer und stärker auf den Punkt zu bringen. Und Ihr Angebot tatsächlich **an die Bedürfnisse Ihrer Zuhörer anzupassen**. Mit einer **Haltung von Gelassenheit und Offenheit** meistern Sie diese besondere Situation in Ihrer Präsentation.

In Ihrer Präsentation führen Sie die Zuhörer durch Ihr Thema. Ihren „Monolog" gestalten Sie kurzweilig, informativ, überzeugend und sympathisch. Ihr Publikum überlässt Ihnen die Bühne und akzeptiert, dass Sie das Wort haben. Dieser Modus des „Alleinunterhalters" endet spätestens mit dem Ende Ihrer Ausführungen, indem Sie eine Einladung zum Dialog aussprechen und zu Diskussion oder Fragen anregen. Dadurch öffnen Sie Ihre Bühne, Ihr „Präsentations-Hoheitsgebiet", für die Zuhörer. Zu diesem Zeitpunkt sind Sie innerlich darauf vorbereitet, Fragen zu begegnen. Was aber tun Sie, wenn Fragen bereits in Ihrer Präsentation auftauchen? Wie reagieren Sie angemessen, professionell und vor allem souverän? Als Präsentator werden Sie beobachtet, wie Sie mit Fragen und dem Fragenden umgehen (Beziehungsebene) und wie tief Ihre Expertise tatsächlich ist (Sachebene). Eine Präsentation sind gut gemachte „Hausaufgaben", das Extrakt eines Inhaltes in Charts gegossen. Sie werden aber nicht alleine an Ihrer Präsentation gemessen, sondern ebenso an Ihren Reaktionen auf Unvorhergesehenes (Einwände, Kritik, Störungen) und Ihrem Umgang mit Fragen.

Fragen professionell handhaben

Sehr beliebt ist es, die Beantwortung einer Frage zu vertagen und auf die anschließende Diskussion zu verweisen. Das ist eine legitime Möglichkeit, wenn eine Frage Ihren Aufbau zu sehr stören oder Inhalte vorwegnehmen würde. Bedenken Sie jedoch, dass der Fragensteller den Einwurf nicht grundlos gemacht hat und damit ernst- und angenommen werden möchte. Es gilt das bekannte Prinzip: „Ich möchte gehört, gesehen und respektiert werden" – das menschliche Grundbedürfnis nach Anerkennung. Schmettern Sie eine Frage daher nicht einfach ab, sondern betten Sie Ihre Reaktion, die „Nichtbeantwortung", in eine kurze, wertschätzende Erklärung ein. Bei einer zurückgestellten Frage müssen Sie Ihr Versprechen einlösen und auf diese eingehen. Nach meinem Geschmack aktiv, das heißt, Sie notieren die Frage, kommentieren dies mit Sprech-Denken und kommen nach Ihren Ausführungen oder an der thematisch passenden Stelle darauf zurück.

Praxis-tipp

Es erleichtert die Handhabung von Fragen, wenn Sie am Anfang der Präsentation eine „Spielregel" anbieten bzw. um folgende Vorgehensweise bitten: Verteilen Sie zu Beginn der Präsentation Fragekarten und bitten Sie darum, dass Fragen, Anmerkungen und Kritik während der Präsentation auf diesen notiert werden. Dann beschreiben Sie den Nutzen dieser Vorgehensweise: „Ich möchte dafür sorgen, dass keine Frage verloren geht und wir am Ende der Präsentation diskutieren können. Damit ich die vorgegebene Zeit von dreißig Minuten einhalten kann, wäre es daher schön, wenn wir themenbezogene Anmerkungen ans Ende stellen. Selbstverständlich sind Verständnisfragen jederzeit willkommen."
Fragen Sie in die Runde, ob alle damit einverstanden sind. Ein Nicken genügt als Bestätigung und gilt als Akzeptieren dieser Vereinbarung. Sollten Sie dann unterbrochen werden und möchten diese Frage an der Stelle nicht beantworten, dann verweisen Sie auf die Karten und Ihre Abmachung.

Achtung: Für Verständnisfragen gilt eine andere Regel. Ein Zuhörer hat etwas nicht verstanden und Sie sind der Transmitter der Inhalte, der Experte, der diesem Bedürfnis nachkommen muss. Antworten Sie sofort auf eine solche Frage. Sollten Sie dazu keine Auskunft geben können, gibt es nur eine Option: Geben Sie es zu. Das gilt für alle Fragen, auf die Sie keine Antwort wissen. Seien Sie ehrlich und teilen Sie Ihr Nichtwissen mit. Was ist schon groß passiert, wenn Sie auf eine Frage keine Auskunft geben können? Das kann vorkommen; es ist nur menschlich. Ich bezweifle, dass der Stab über Sie gebrochen wird, wenn Sie einmal (oder zweimal) keine Antwort parat haben. Nehmen Sie von Floskeln Abstand, die Sie nicht meinen: „Also das ist eine gute/interessante/berechtigte Frage …" Geben Sie lieber Ihrer echten Suche nach der richtigen Information Ausdruck; so sind Sie authentisch, verschaffen sich Zeit und bleiben im Kontakt mit dem Publikum. „Warten Sie, lassen Sie mich einen Moment nachdenken und mich sortieren …"

Benutzen Sie die Technik des Sprech-Denkens, dem natürlichen und verbal kommentierten Ausdruck Ihres inneren Suchens. In dieser Situation werden Sie vielleicht verunsichert sein und Ihre Sprachwahl wird dies ausdrücken. Das ist völlig natürlich und legitim. Machen Sie sich keine Gedanken über starke Sprache oder perfekte Rhetorik, sondern sprechen Sie so, wie es Ihnen in diesem Moment möglich ist. Sie verschaffen sich ein wenig Bedenkzeit, sortieren Ihre Gedanken und kommentieren dies kurz. Wenn es Ihnen unangenehm sein sollte, keine Antwort auf die Frage zu haben, sagen Sie es, ohne sich dabei selbst fertig zu machen. „Das ist mir jetzt unangenehm, und ich sollte die Antwort wirklich wissen. Aber im Moment stehe ich auf dem Schlauch ... Geben Sie mir einen Moment, vielleicht fällt es mir wieder ein." Bieten Sie auf jeden Fall an, die Antwort nachzuliefern. Das ist eine Selbstverständlichkeit und gehört für mich in das Standardrepertoire jedes guten Präsentators. Sie können die Frage auch an Ihr Auditorium weitergeben und um Hilfe bei der Beantwortung bitten. Was spricht denn dagegen? Sind Sie kein Experte mehr, wenn Sie an einer Stelle nicht perfekt reagieren können? Haben Sie als Präsentator versagt? Ihr innerer Kritiker wird Sie das gerne glauben machen wollen. Es ist Ihre Entscheidung, dem zuzustimmen oder eben nicht.

Herausstellen möchte ich, dass Sie nicht verloren haben, wenn Sie in einer solchen Situation gefühlt mit leeren Händen dastehen. Verlieren, im Sinne von die Achtung der Zuhörer verlieren, können Sie, wenn Sie falsche Informationen liefern oder sich um Kopf und Kragen reden. Das nehmen Ihre Zuhörer wahr, und da sie nicht wissen, dass Ihnen in diesem Moment die passende Antwort fehlt und Sie nun „überbrücken", anstatt Ihre Ahnungslosigkeit zuzugeben, entsteht ein ungünstiger Eindruck von Ihnen.

Sollten Sie mit Ihrem Team präsentieren, spielen Sie die Frage an Ihre Kollegen weiter, natürlich durch Sprech-Denken begleitet. „Im Moment weiß ich leider keine Antwort auf diese Frage. Vielleicht können meine Kollegen etwas dazu sagen. Kann jemand von euch die Frage beantworten?" Mit Blickkontakt zu Ihrem Team sprechen Sie Ihre Mitpräsentatoren an und geben den Ball weiter. Da diese aufmerksam und präsent waren, können sie einspringen oder müssen eben auch zugeben, dass die Antwort auf diese Frage gerade fehlt. Das ist sicher kein angenehmes Gefühl und wird nicht zu Ihren Lieblingssituationen zählen, aber eine Katastrophe ist es auch nicht. Entspannen Sie sich und vor allem den inneren Kritiker und Perfektionisten in Ihnen.

Eine ausgezeichnete Vorbereitung ist Pflicht, und sollten Sie dennoch einmal nicht weiter wissen, dann geben Sie es zu und vertrauen darauf, dass Ihre Aufrichtigkeit positiv wahrgenommen wird.

Einwänden souverän begegnen

Was tun Sie, wenn nicht Verständnis- oder Fachfragen gestellt werden, sondern konkreter Widerspruch formuliert wird? Ich denke da an Einwände und sogenannte „Killerphrasen". Das sind „Schmetterbälle", die Ihnen um die Ohren geschlagen und als Provokation, Abwertung oder Kritik verstanden werden.

„Das kann nicht sein!", „Das ist jetzt aber nichts Neues …", „Und Sie glauben wirklich, dass das so funktionieren wird …?" Der Ton macht hier ganz eindeutig die Musik und diese Aufforderung zum Schlagabtausch wird in den meisten Fällen von uns spontan angenommen.

Vielleicht fragen Sie sich jetzt, was an diesen Provokationen nicht eindeutig sein soll. Genau da liegt die Crux. Da Sie genau zu wissen glauben, was der Absender dieser Killerphrase von Ihnen möchte, reagieren Sie wie aus der Pistole geschossen. Woher wissen Sie aber – und ich meine hundertprozentig genau wissen –, was der andere mit diesem Einwurf bezweckt? Will er Sie nur testen, Sie wirklich ärgern, meint er Sie persönlich oder hat er einen berechtigten Einwand und Informationsbedarf?

Seien Sie sich dessen bewusst, dass die Art Ihrer Reaktion (emotional und inhaltlich) durch Ihre persönliche Bewertung und Interpretation der Killerphrase zustande kommt. Diese mag angemessen und richtig sein, aber wirklich wissen können Sie es nicht.

Ich vergleiche die Situation, in denen uns eine Killerphrase angeboten wird, mit einem Tennismatch. Nehmen wir zum Beispiel die Killerphrase „Das kann nicht sein". Dies ist der Schmetterball, der Ihnen während Ihrer Präsentation um die Ohren fliegt. Was hören Sie bzw. wie verstehen Sie diesen Einwurf? Ich persönlich höre: „Du lügst, hast keine Ahnung, das ist alles falsch und ich weiß es besser …" Eine solche Botschaft nehmen die meisten sehr persönlich. Die normale Reaktion ist es demzufolge auch, den Ball ein bisschen schärfer und vor allen Dingen sofort zurückzuschlagen. „Auf den Reiz folgt automatisch die Reaktion“, heißt das Spiel. Ich halte diese Reaktion für wenig souverän, da wir in einem Automatismus gefangen sind und reagieren, anstatt zu agieren. Nicht Sie haben die Führung inne, sondern die Frage bzw. Killerphrase lenkt Sie.

Praxistipp

Damit Sie künftig in Situationen mit Killerphrasen souverän und gelassen umgehen können, lassen Sie uns eine der wichtigsten Techniken aus der professionellen Gesprächsführung kennen lernen, die Einwandbehandlung. Sie besteht aus drei Schritten, auf die ich im Folgenden ausführlich eingehen werde:

1. Nehmen Sie den Einwand an. Das heißt nicht, ihn inhaltlich zu akzeptieren, sondern „fangen Sie den Ball“. Dies unterbricht den Automatismus, sofort und unüberlegt „zurückzuschlagen“.
2. Finden Sie mit einer offenen Frage (Filterfrage) heraus, was Ihr Gegenüber tatsächlich meint. „*Was genau*“ ist hier die Kurzformel, mit der Sie den anderen einladen, seinen Einwurf zu konkretisieren. Ihre Haltung ist eine des „Sich-vergewissern-Wollens“ und echten Interesses.
3. Dann erst reagieren oder argumentieren Sie, denn erst jetzt wissen Sie, was genau Ihr Gegenüber von Ihnen will. Wenn möglich, übersetzen Sie den Nutzen oder die Vorteile, die der andere hat.

Es gibt neben dem Zurückschmettern noch weitere Möglichkeiten, auf einen unvorhergesehenen Schmetterball zu reagieren. Ich denke an drei Varianten: Sich vom „Ball“ so treffen zu lassen, dass man sprachlos ist und demzufolge unsicher reagiert, ist nicht sehr souverän. Das Ignorieren des Kommentars wird zur Folge haben, dass der Absender der Killerphrase sich übersehen, also nicht gewürdigt fühlt, und das „kriegen Sie wieder“. Jetzt könnten Sie natürlich fragen: Aber wieso? Ich reagiere einfach nicht auf den Angriff, lasse mich nicht treffen und rede einfach weiter. Es gibt selbstverständlich Situationen, in denen dies eine wirkungsvolle und starke Reaktionsmöglichkeit ist. In Präsentationen, in denen Sie die „Bühnenhoheit" innehaben, sollten Sie sehr genau prüfen, ob diese Handhabung wirklich zum Besten aller Beteiligten ist. Bedenken Sie, dass unsere innere Haltung immer unsere Wirkung steuert und wir nicht *nicht* wirken können. Demzufolge wird Ihr Ignorieren des Einwands auch als solches verstanden – und das nehmen die meisten sehr persönlich. Auch die anderen Zuhörer, die Ihr Verhalten beobachten, werden es vermutlich nicht souverän finden, sondern eher arrogant.

Sie sehen, die drei ersten Varianten sind keine souveräne Art, auf Killerphrasen zu reagieren. Sprechen wir über die vierte Möglichkeit, die Sie den Dialog in Ihrem Sinne weiterführen lässt: Sie hinterfragen die Killerphrase, bevor Sie argumentieren; Sie verifizieren Ihre Annahme, dann erst antworten Sie. Das hört sich einfach an und das ist es auch, wenn es Ihnen gelingt, Ihr bisheriges Reaktionsmuster zu durchbrechen.

Der erste Schritt, um aus dem Mechanismus „Reiz–Reaktion" auszusteigen, ist, zunächst einmal den Ball aufzufangen, ihn anzunehmen, ohne dass Sie dem Inhalt zustimmen müssen. Die innere Reaktion sollte sein: „Aha, ein Ball. Ich *weiß* nicht, was mein Gegenüber jetzt genau damit beabsichtigt. Finden wir das doch lieber zuerst heraus, bevor ich in meinem üblichen Muster reagiere." Geben Sie den Ball erst einmal zurück. Nicht schmettern! Begegnen Sie Ihrem Gesprächspartner, das ist etwas anderes, als ihm zu entgegnen.

Wie finden Sie heraus, was er wirklich von Ihnen will? Meint Ihr Gegenüber mit dem Satz „Das kann nicht sein!" wirklich, dass Sie lügen oder keine Ahnung haben? Es gibt nur eine Möglichkeit, dies herauszufinden: Fragen Sie nach. Das ist der zweite Schritt. Fragen, die aus Ihrem tiefen Verständnis heraus gestellt werden, dass der andere aus einem (für ihn guten) Grund heraus agiert, haben einen besonderen Klang. Der Grundton ist: „Ich weiß nicht, was Sie gerade tatsächlich beabsichtigen oder was hinter diesem Einwand steckt. Ich möchte es aber gerne wissen, damit ich angemessen reagieren kann." Diese Haltung drückt Respekt (Toleranz) für die Sichtweise des anderen aus. Sie nehmen den Einwand nicht persönlich, lassen sich nicht provozieren und behalten die Führung. Das ist sehr souverän und Ihre Frage ist der authentische Ausdruck Ihrer inneren Haltung. Sollten Sie eine Frage aus dem Grund stellen, weil sie nur Werkzeug für Sie ist und Teil dieser Technik, dann merkt Ihr Gegenüber, dass Sie kein echtes Interesse an der Antwort bzw. an der Verständigung mit ihm haben. Ihre Körpersprache, insbesondere Tonfall und Wortwahl. werden Sie verraten. Ihre Frage wird in diesem Fall den anderen nicht öffnen und demzufolge auch keine zusätzlichen Informationen ergeben, sondern als (persönlicher) Angriff verstanden werden. Darauf wird Ihr Gegenüber entsprechend reagieren und Sie finden sich vermutlich im „schönsten" Schlagabtausch wieder.

Finden Sie heraus, was der andere tatsächlich meint oder will, indem Sie eine offene Frage (das sind die sogenannten W-Fragen, zum Beispiel wer, wie, wo, was, warum, wieso, oder auch inwiefern) stellen. Ihr Ziel ist es, dass der andere seine Aussage spezifiziert. In Bezug auf unser Beispiel „Das kann nicht sein!" könnten Fragen Ihrerseits dann so lauten:

- Was genau stimmt Ihrer Meinung nach an meiner Ausführung nicht?
- Inwiefern sehen Sie das anders?
- Warum glauben Sie, dass ich Unrecht habe?
- Welche Erfahrungen haben Sie denn mit xyz gemacht?
- Wie kommen Sie denn darauf?

Achtung, die letzte Formulierung wird selbst in einem freundlichen Tonfall provozierend ankommen. Ich ziehe die anderen Varianten vor. Wenn Sie Kooperation und nicht Konfrontation wollen, sorgen Sie also für eine entsprechende Fragestellung.

Erst wenn auf Ihre offene Frage eine Reaktion kommt, wissen Sie, wo Sie in Ihren Ausführungen und Erklärungen ansetzen können. Schritt drei ist Ihre Reaktion bzw. Argumentation und mit der Technik der Nutzenargumentation haben Sie gute Chancen, Ihrem Gegenüber die passenden Fakten überzeugend anzubieten. In dem Moment, in dem Sie auf eine Killerphrase einfach nur „blind" reagieren, verpassen Sie die Chance, mit den besten Begründungen zu antworten und souverän in der Führung zu bleiben.

Vielleicht kennen Sie diese Technik der Einwandbehandlung mit einem vierten Schritt. Es wird häufig empfohlen, dass als erste Reaktion eine Bestätigung für den Gesprächspartner erfolgt. Zum Beispiel mit der Redewendung: „Das ist ein interessanter Punkt“ oder „Das ist ein guter Einwand“. Bitte benutzen Sie solche Formulierungen nur, wenn Sie sie auch so meinen. Ihre Teilnehmer hören sonst, dass Sie eine leere Floskel oder Technik anwenden. Wenn Sie finden, dass es ein berechtigter Einwand ist, dann sagen Sie es, und wenn Sie der Meinung sind, dass der andere Recht hat, dann geben Sie ihm Recht. In diesem Fall benötigen Sie die Technik der Einwandbehandlung nicht.

Sollte ein Einwand, wie z.B. „Das funktioniert doch nicht …“, nur so dahergesagt worden sein, dann werden Sie von Ihrem Gesprächspartner auf Ihre offene Frage „Was genau funktioniert Ihrer Meinung nach denn nicht?“ eine wenig fundierte Antwort bekommen. „Äh, ja, das funktioniert halt nicht. Ich weiß das einfach, dass es nicht geht.“ In so einem Fall empfehle ich, noch einmal nachzufragen, worüber Sie jetzt tatsächlich sprechen. Die Technik bleibt die Gleiche. Eventuell erläutern Sie mit einem Satz, der mit „Ich“ anfangen sollte (Technik der Selbstoffenbarung), Ihre Sicht bzw. Ihre Absicht, warum Sie erneut nachfragen. Dann stellen Sie Ihre offene Frage, um herauszufinden, was Ihr Gegenüber wirklich meint.

„So fällt es mir schwer, jetzt konkret zu antworten. Ich möchte gerne verstehen, an welcher Stelle Sie meinen Ausführungen nicht zustimmen. Was genau sollten wir denn anders machen, damit es Ihrer Meinung nach funktionieren wird?“ Ich persönlich frage nur zweimal nach, um den anderen ins Gespräch einzuladen. Sollte ich dann immer noch keine konkrete Antwort bekommen, lasse ich es so stehen, kommentiere dies und spreche weiter. Wenn dies in einer Präsentation vorkommt, sehen auch die anderen, welches Spiel hier gespielt wird.

So viel zur Theorie. Lassen Sie mich an meinem eigenen Beispiel kurz veranschaulichen, wie wertvoll diese Technik in der Praxis ist. In meiner ersten Akquise als Geschäftsführerin von be:comm hatte ich es mit einem gestandenen Geschäftsführer einer PR-Agentur zu tun. Nach meiner Präsentation kam die Gretchenfrage: „Frau Pütz, was kostet uns denn der Spaß?“ Auf die Nennung meines Tagessatzes zog er die Augenbraue hoch und sagte: „Das ist zu teuer!“ Nun, wie hätten Sie reagiert? „Das ist zu teuer“, heißt ja wohl „Das ist zu teuer“. Also bin ich gleich im Preis hinuntergegangen. Sie denken jetzt vielleicht zu Recht: Aber wieso, der wollte doch nur testen, welchen Spielraum er hat. Schade, dass ich das nicht auch so gesehen habe. Nachdem ich reagiert hatte, ohne mich zu vergewissern, was „zu teuer" für ihn bedeutet, fiel mir dann auch ein, dass ich ja erst einmal hätte fragen können. Eine wirklich teure Erkenntnis.

Deshalb: Fragen Sie! Und ärgern Sie sich nicht, wenn es Ihnen, so wie mir in oben beschriebenem Fall, nicht immer gelingt. Übung macht bekanntlich den Meister und zu Ihrem zukünftigen Trainingsplan könnte in einem ersten Schritt gehören, in Diskussionen andere zu beobachten und zu überlegen, ob und wie Sie an deren Stelle mit einer Frage das Gespräch hätten lenken können. Üben Sie sich so in Achtsamkeit. Je mehr Sie die Erkenntnis verinnerlichen, dass Sie nicht wissen können, was der andere tatsächlich von Ihnen möchte, desto natürlicher werden Sie von der Technik des Nachfragens Gebrauch machen. Das ist der Schlüssel.

In meinem Fall hätte es so einfach sein können. Hätte ich erst einmal nachgefragt, dann hätte ich unser Gespräch anders lenken können. Beim Preis wären wir natürlich gelandet, das war ja das Anliegen meines Gesprächspartners, aber ich hätte zum Beispiel einen anderen Schwerpunkt setzen können:

- „Was müsste ich denn zusätzlich leisten, damit mein Tagessatz für Sie angemessen ist?"
- „Was fehlt Ihnen in meinem Angebot, damit Sie den Tagessatz akzeptabel finden?"
- „Wie sieht denn Ihr Budget aus?"
- „Welchen Vergleich haben Sie?"

Praxis-tipp

Wenn Sie sich die Anwendung dieser Technik erleichtern wollen, finden Sie die „Killerphrasen“ heraus, die Ihnen häufig begegnen, und formulieren Sie verschiedene Fragemöglichkeiten. Das Wiedererkennen in der nächsten Präsentation hilft Ihnen, dann mit einer Filterfrage zu reagieren, die Sie Im Vorfeld vorbereitet haben.

Beliebte Killerphrasen sind zum Beispiel:
- Das geht nicht!
- Das wollen die Kollegen nicht!
- Das ist doch Blödsinn.
- Das funktioniert bei uns nicht.
- Das haben wir schon immer (oder noch nie) so gemacht.
- Sind Sie sicher, dass Sie dafür die Richtige sind?

Mögliche Filterfragen sind:

Das geht nicht!
- Was genau geht Ihrer Meinung nach nicht?
- Warum sollte es Ihrer Meinung nach nicht funktionieren?
- Was spricht denn dagegen, es einmal so auszuprobieren?

Das wollen die Kollegen nicht!
- Was konkret möchten Ihre Kollegen nicht?
- Und wie denken Sie darüber?
- Wie können wir denn Ihre Kollegen überzeugen?

Abhängig von der Formulierung der Frage sprechen wir mit einem anderen Fokus weiter. Hier offenbaren sich die wahre Kraft des Fragens und die damit verbundene Macht. Lassen Sie mich das Wort „Macht“ in diesem Zusammenhang kurz erklären. Ich meine hier Ihre Gestaltungsmöglichkeiten oder Einflussnahme auf die Interaktion mit Ihrem Gesprächspartner. So wie Sie fragen, führen Sie oder laden Sie Ihr Gegenüber ein, zu antworten. Auch Selbstermächtigung, Ihre Eigen-Macht, sich selbst souverän zu führen und eben nicht „auf Knopfdruck" zu reagieren, ist in dieser Technik enthalten. Sie entscheiden sich, nicht dem Schlagabtausch und dem Gewinnen („Ich habe Recht") die Bühne zu überlassen, sondern sorgen mit Ihrer Reaktion für ein kooperatives Miteinander. Zumindest reichen Sie dem Absender der Killerphrase die Hand und öffnen die Tür für Austausch und echte Auseinandersetzung.

ZUR ERINNERUNG

Ihr Umgang mit Fragen, Einwänden und Provokationen bzw. vermeintlichen Angriffen zeigt eine „neue" Facette von Ihnen. In diesem Moment geben nicht vorbereitete Inhalte und Charts den Kurs vor, sondern Sie müssen spontan reagieren – Rede und Antwort stehen. Mit Hilfe der „Technik der Einwandbehandlung" gelingt es Ihnen, auch in dieser Situation gelassen und souverän zu bleiben. Dabei ist dieses Mittel keine Technik, sondern eine Frage der inneren Haltung! Sobald Sie erkennen, dass Sie nicht wirklich wissen, was tatsächlich hinter dem Einwand steckt, können Sie Ihr normales „Reiz-Reaktions-Muster" durchbrechen. Anstatt auf Knopfdruck zu reagieren, agieren Sie mit einer offenen Frage, die die Weichen im Dialog neu stellt. Durch Ihr Nachfragen handeln Sie bewusst und laden Ihr Gegenüber zu einem konstruktiven Austausch ein. Das ist souverän.

Kapitel 10

Kompetenter Umgang mit Störungen, Desinteresse & Co.

Managen Sie auch das gefühlte „schwarze Loch“ – null Resonanz auf Ihre Präsentation – sicher und sympathisch. **Entmachten Sie Ihren inneren Bewerter**, der in dieser Situation am liebsten Zähne zeigen oder resigniert aufgeben würde. **Erweitern Sie Ihr Verhaltensrepertoire**, indem Sie diese **Situation mutig und angemessen ansprechen** und Ihren Eindruck mit Ihren Zuhörern teilen.

Unerwartete Fragen und Einwände wünschen sich die wenigsten Präsentatoren. Dennoch können Sie auf diese Unterbrechungen gezielt reagieren, wissen mit der Technik des Nachfragens schnell, woran Sie sind und was Ihr Gegenüber von Ihnen möchte. Viel schwieriger ist der Umgang mit den nicht ausgesprochenen Botschaften: Ihre Zuhörer sind abgelenkt, beschäftigen sich mit ihrem Notebook oder I-Phone, führen Seitengespräche, oder Sie blicken in unbewegte Mienen – kurzum: Ihren Ausführungen wird keine ungeteilte Aufmerksamkeit zuteil. So scheint es jedenfalls und das, was Sie nun wahrnehmen, nehmen Sie für wahr und deuten es als vermeintliches Desinteresse an Ihrer Person. Nicht an der Sache, über die Sie gerade als Repräsentant sprechen, sondern an Ihnen persönlich. Das ist es, was uns verärgert oder verunsichert und worauf wir letztlich reagieren. Nur: in welcher Art und Weise? Am liebsten würden wir den anderen deutlich sagen, dass dieses Verhalten respektlos ist und wir erwarten dürften, dass man uns für den vereinbarten Zeitraum zuhört. Schließlich haben wir uns auf dieses Thema vorbereitet, Zeit investiert und vermitteln einen Inhalt für ebenjene Zielgruppe. Sollten Sie mit dieser inneren Haltung der oben genannten Situation begegnen, befürchte ich, dass Sie nicht gut ankommen werden. Die restlichen Teilnehmer, die Ihrer Präsentation folgen, werden Ihre plötzliche Veränderung bemerken und die „Eiszapfen an Ihren Sprechblasen“ deutlich hören.

Zumindest ist es mir bei meinen frühen Präsentationen so ergangen. Meine innere Bewertungsinstanz hat sich fürchterlich über die vermeintliche Missachtung aufgeregt, in der Folge wurde mein Verhalten kühl und distanziert oder ich habe mich gefragt, ob ich das Publikum langweile. Meine Verunsicherung, die aufgrund meines Zweifels entstand, blieb ebenfalls nicht unbemerkt. Beides ist nicht souverän und auch nicht selbstermächtigt. Ich habe wie ferngesteuert auf das reagiert, was ich in das Beobachtete hineininterpretiert habe, je nach persönlicher Gemütslage und Tagesform. Mein innerer Bewerter hatte damit das Steuer in der Hand und mich „am Wickel“. Wissen konnte ich selbstverständlich nicht, was die tatsächliche Botschaft hinter dem scheinbaren Desinteresse war, und so habe ich aufgrund meiner Annahme reagiert.

In der Technik der Einwandbehandlung sind wir dieser Erkenntnis schon begegnet: Ohne zu hinterfragen, vermuten wir nur – auch in dieser Situation. Vielleicht erwidern Sie nun, dass es aber doch eindeutig ein Zeichen von

Ablehnung oder Gleichgültigkeit ist, wenn Teilnehmer, anstatt Ihnen zuzuhören, sich mit anderem beschäftigen. Das mag sein, aber wirklich wissen tun wir es nicht. Ich habe mehrfach erlebt, dass kluge Fragen und berechtigte Kritik von den „nicht aufmerksamen“ Zuhörern am Ende eingebracht wurden, und bin heute vorsichtig mit meinen Vermutungen.

Mein großes Aha-Erlebnis hatte ich in diesem Zusammenhang in einem Kreativ-Training, in dem einer meiner Teilnehmer schlief. Es war kurz nach der Mittagspause und von den zwölf Teilnehmern hatte einer die Augen geschlossen und war offensichtlich in einen Verdauungsschlaf gesunken. Sie können sich sicher vorstellen, wie mein innerer Bewerter reagiert hat. Es hat einen Moment gedauert, bis mir klar wurde, dass ich ja keine Ahnung habe, ob dies eine persönliche Botschaft an mich ist. Schließlich lauschten elf Teilnehmer interessiert meinem Inhalt. Und selbst wenn es so gewesen wäre, hätte ich das persönlich nehmen müssen?
Da es sich um ein offenes Seminar handelte und sich die Teilnehmer nicht kannten, wurde der Schläfer von niemandem gestört. Auch von mir nicht. Denn nachdem mir klar geworden war, dass ich diese Situation nicht als Angriff oder Geringschätzung verstehen musste, konnte ich wieder sehr souverän und mit Spaß den anderen die Vorteile wertschätzender Kreativ-Kultur nahebringen. Hätte ich meine innere Haltung des Persönlich-beleidigt-Seins nicht gewandelt, dann hätten meine Zuhörer eine zickige Trainerin erlebt, ohne den Grund für meine plötzliche Verhaltensänderung zu kennen. Der tatsächliche Empfänger meiner Botschaft hätte diese selig verschlafen.

Eine Option, auf Störungen zu reagieren, ist: Sie nehmen sie wahr, interpretieren sie aber nicht als persönlichen Affront. Das ist gar nicht so einfach, da unser Wertewächter niemals schläft und in Präsentationen, in denen Sie aus der Masse hervorgehoben sind, besonders empfindlich ist. Mir hilft heute die Erkenntnis, dass nicht ich als Mensch in Frage gestellt bin, sondern mein Inhalt oder die Art der Wissensvermittlung eventuell nicht so ankommt, wie ich gedacht habe. Wenn Sie sich nicht mit dem von Ihnen gelieferten „Produkt“ Präsentation identifizieren, sondern zwischen der Sache und Ihrer Person differenzieren, schaffen Sie eine gesunde Distanz oder Knautschzone. Es ist eine Übung in Sachen „bewusstes Sein", sich darüber im Klaren zu sein, dass Sie es sind, der darüber entscheidet, wie er etwas bewertet. Sollten Sie beobachten, dass die Darbietung Ihres Inhalts bei mehreren Personen scheinbar nicht gut ankommt, dann können Sie das akzeptieren oder den Grund dafür herausfinden. Das ist die andere Option.

Um diese Situation angemessen anzusprechen, bedarf es ein wenig Fingerspitzengefühl, denn Sie möchten vermeiden, dass sich Ihre Zuhörer angegriffen oder ermahnt fühlen. Sätze wie „Also es wäre schön, wenn Sie mir jetzt alle mal wieder zuhören könnten ..." oder „Wir sind ja nicht zum Spaß hier, sondern wollen unser Projekt besprechen und deshalb möchte ich Sie bitten, meiner Präsentation aufmerksam zu folgen", sind tabu.

Wenn Sie vermeintliches Desinteresse richtig ansprechen, stellen Sie Ihre Kompetenz auf zwei Ebenen unter Beweis: Ihre Ich-Kompetenz, da Sie den Mut und das Selbstvertrauen haben, eine Begebenheit anzusprechen, die Sie irritiert, und Ihre Methoden-Kompetenz, mit der Sie eine solche Angelegenheit professionell und angemessen zur Sprache bringen. Sie kennen bereits alle Techniken, die Sie einsetzen sollten. Ich kombiniere Sie zu einem Dreiklang und nenne diese Technik auch so. Sie unterbrechen Ihren Monolog und suchen den Dialog. Eine effektivere Möglichkeit gibt es nicht, wenn Sie die Situation klären und in der Folge optimal verändern möchten.

Die Technik des „Dreiklangs"

Bei der Technik des Dreiklangs handelt es sich um Kombination, die Sie für die Gesprächseröffnung bei schwierigen und kritischen Themen anwenden:

1. Selbstoffenbarung (ein Satz, der mit „Ich" beginnt)
2. Offene Frage
3. Reaktion

Sie wissen, dass Sie nur aus Ihrer Sicht Dinge beschreiben können, denn es ist nur Ihre persönliche Wahrnehmung, aufgrund derer Sie reagieren. Deshalb benutzen Sie eine Selbstoffenbarung, um den Dialog zu eröffnen. Für unsere

Situation bedeutet das konkret, dass Sie zunächst einmal beschreiben, was Sie beobachten. Ohne diesen ersten Schritt versteht niemand, was gerade vor sich geht. Stellen Sie sich vor, wie es ankommen und wirken würde, wenn Sie ohne „Vorwarnung" auf die von Ihnen bemerkte Situation regieren: „Wir haben noch 20 Minuten und ich möchte Sie bitten, mir Ihre Aufmerksamkeit zu schenken!" Verwunderung wäre eine, Verärgerung eine andere Reaktion seitens Ihrer Zuhörer, denn Ihre Aussage kann in dieser Verkürzung als Angriff empfunden werden.

Ich persönlich gebe ein sichtbares Zeichen für alle, dass ich meine Präsentation unterbreche. Ich benutze die B-Taste für den schwarzen Bildschirm und kommentiere dies (Sprech-Denken). Sie könnten Ihre Handlung zum Beispiel so verbal einbetten: „Lassen Sie mich meine Ausführungen kurz unterbrechen." Jetzt folgt der entscheidende Moment, denn hier stellen Sie die Weichen in das Gespräch mit Ihrem Publikum und Ihr Grundton (innere Haltung) wird alles, was folgt, (be)stimmen. „Ich habe den Eindruck, dass mein Inhalt nicht so richtig auf Ihr Interesse stößt ..."

Übrigens haben Sie mit Ihrer Selbstoffenbarung preisgegeben, was Sie annehmen, nämlich dass Ihre Präsentation nicht spannend oder interessant genug ist. Achten Sie daher auf Ihre Wortwahl bei der Eröffnung des Dialogs. Jetzt kommt Ihre offene Frage, denn Sie möchten ja ins Gespräch einladen und erst einmal herausfinden, was der wahre Grund für das von Ihnen beobachtete Verhalten ist. „Was kann ich tun, damit die Präsentation für Sie spannender/interessanter wird?"

Lassen Sie Ihren Blick ins Publikum schweifen. Starren Sie nicht, sondern schauen Sie, während Sie die Frage stellen, die Zuhörer an, die vorher nicht im Kontakt mit Ihnen waren. Halten Sie auch die Pause aus, falls eine solche entsteht. Sollten keine Reaktionen auf Ihre Frage kommen, dann wagen Sie einen zweiten Versuch und verdeutlichen Sie, warum Sie die Präsentation unterbrochen habe und weshalb Sie jetzt konkretes Feedback suchen. „Sehen Sie, mir kommt es so vor, als ob meine Ausführungen bei Ihnen nicht so ankommen, wie ich mir das vorgestellt habe. Damit ich dies ändern kann, möchte ich gerne wissen, was Ihnen fehlt/was ich verändern kann/wie ich damit jetzt am besten umgehen soll." Vielleicht fügen Sie noch einen Nutzen hinzu: „Da wir jetzt hier zusammensitzen, sollten wir das Beste aus der Zeit machen. Was kann ich also tun, damit meine Präsentation für Sie interessanter wird/Sie überzeugt?" Erst wenn Sie eine Antwort darauf erhalten, wissen Sie, wie Sie angemessen reagieren können. Das ist Schritt drei im Dreiklang.

Sollte gar keine Reaktion oder Feedback seitens Ihrer Zuhörer erfolgen, dann nutzen Sie eine weitere Selbstoffenbarung, um diese Situation natürlich und souverän zu überbrücken: „Mir kam es so vor, als ob ich einen Teil von Ihnen mit meinen Ausführungen nicht mehr erreicht habe, und deshalb wollte ich lieber sicherstellen, dass alles in Ordnung für Sie ist. Wenn Sie also keine besonderen Wünsche oder Fragen an mich haben, dann mache ich weiter." Vermutlich war in der fehlenden Aufmerksamkeit keine persönliche Botschaft an Sie enthalten und dementsprechend wird Ihr Publikum keine Verbesserungsvorschläge oder Wünsche an Sie haben.

Dem „schwarzen Loch" (fehlender Resonanz in der Präsentation) zu begegnen erfordert Mut, denn Sie unterbrechen Ihren Monolog und offenbaren etwas über sich. Dadurch machen Sie sich vermeintlich verletzlich, weil Sie denken, Sie seien nun angreifbar. Das sind Sie, aber nicht erst an dieser Stelle. Es ist in meinen Augen ein wirkliches Zeichen von Souveränität und Selbstvertrauen, wenn Sie sich möglicher Kritik offensiv stellen, sie sogar einfordern, zum Wohle der Sache und für alle Anwesenden. Was nützt Ihnen eine perfekt vorbereitete Präsentation, die keinen Gefallen bei Ihrer Zielgruppe findet? Wenn Sie eine Erweiterung Ihres Verhaltensrepertoires, mehr Selbstermächtigung und Standing in schwierigen Situationen erreichen möchten, dann gehört auch das professionelle Ansprechen und Unterbrechen Ihrer Präsentation dazu.

Unterscheiden Sie sehr sorgfältig, ob es für alle Beteiligten zum Besten ist, wenn Sie den Präsentationsmodus unterbrechen. Sollte nur eine Person abgelenkt sein, können Sie das akzeptieren und im freundlichen Kontakt zu allen bleiben. Selbst wenn der wichtigste Mensch im Raum, z.B. der Entscheider, Ihnen scheinbar nicht zuhört, wägen Sie ab, ob Sie dies thematisieren. Sie heben den Angesprochenen aus der Masse heraus und geben ihm mit Ihrer Frage nach dem „Warum" die Macht, mit seiner Antwort die Weichen zu stellen. Wägen Sie gut ab, ob Sie das möchten.

In dem Moment, in dem Sie das Gefühl haben, dass die Mehrzahl der Zuhörer abgeschaltet hat, sollten Sie reagieren. Mit der Vielzahl der dramaturgischen Mittel, die Ihnen zur Verfügung stehen, und Ihrer überzeugenden Performance sollte Ihre Informationsvermittlung gut ankommen. Wenn dem nicht so ist, gehen Sie der Sache auf den Grund. Dazu benötigen Sie Mut, denn wer fragt, bekommt eine Antwort – und die möchten die meisten lieber nicht hören. Sollte Ihre Präsentation wirklich langweilen oder unverständlich sein und Sie bekommen dieses Feedback, dann haben Sie die Chance, es zu verändern. Seien Sie dankbar für die Gelegenheit einer Korrektur und froh, dass Sie diese Rückmeldung erhalten, solange Sie noch etwas ändern können.

Ich habe in einem Training, Freitag gegen 17.00 Uhr, gefühlt für ein großes schwarzes Loch präsentiert. Es gab keinen Blickkontakt mehr mit einigen Teilnehmern und mir war klar, dass etwas nicht stimmte. Daraufhin habe ich meinen Eindruck thematisiert: „Lasst mich hier mal kurz eine Pause machen. Ich habe den Eindruck, dass ich eure Aufmerksamkeit verloren habe. Was kann ich tun, um das zu ändern? Was braucht ihr jetzt?" Die Reaktion war ein dankbares Aufatmen und die Bitte um eine Pause. Ich hatte einfach übersehen, dass bei allem Interesse die Festplatte am Ende der Woche schon gut gefüllt und mit meinen Ausführungen fast überfüllt war. Nach einer kurzen Pause und Durchlüften haben wir dann mit neuem Schwung weitergemacht.

Vielleicht denken Sie, eine Trainingssituation macht es sicherlich leichter, so zu reagieren. Da stimme ich zu und ich lade Sie ein, auch hier mit einer alten Form zu brechen. Wer hat bestimmt, dass Sie in einer professionellen Präsentation keine Pause machen dürfen, wenn diese doch zu einer Optimierung der Situation führt? Erweitern Sie Ihr Repertoire und trauen Sie sich. Nach der Pause fassen Sie kurz zusammen, was die wichtigsten Punkte waren, zeigen z.B. das letzte Chart erneut und gehen dann stark weiter.

Praxis-tipp

Sollten Sie sich dazu entscheiden, eine Störung anzusprechen, dann wenden Sie die Technik des Dreiklangs an. Lassen Sie mich diese noch einmal für Sie zusammenfassen:

1. Selbstoffenbarung. Sie unterbrechen den Präsentationsmodus und beschreiben die Situation aus Ihrer Perspektive, das heißt im „Ich". Mögliche Formulierungen dafür sind zum Beispiel:
Mir kommt es so vor, als ob ...
Ich habe den Eindruck ...
Mir scheint es, als ob ...
Ich sehe, dass ...

2. Stellen Sie eine offene Frage. Nur so finden Sie heraus, was tatsächlich in den Köpfen der „Teilnahmslosen" vorgeht. Sollten Sie auch auf erneutes Nachfragen keine Antwort erhalten, dann machen Sie weiter – mit Überzeugungskraft und Elan. Mögliche Fragen sind zum Beispiel:
Was fehlt Ihnen, damit ...
Wie soll ich weiter fortfahren, damit ...
Welches Thema/Aspekt interessiert Sie besonders?
Was brauchen Sie, um ...

3. Reagieren Sie erst, wenn Sie wirklich wissen, was gerade gespielt wird. Sie passen Ihre Präsentation der jetzigen Situation an, machen eine Pause, fassen zusammen, kürzen, argumentieren – was immer die beste Verhaltensweise ist. Dazu kann im Notfall auch gehören, die Präsentation zu beenden. Nein, ich meine nicht beleidigt aufzugeben, sondern sich aus dem Schema F der Charts zu lösen und sich nun frei in den Inhalten zu bewegen. Steigen Sie in die Diskussion ein und bedienen Sie sich Ihrer Charts als Beleg und Visualisierung. So waren diese immer gemeint – als Hilfsmittel und Unterstützung für den Redner.

Umgang mit Seitengesprächen

Eine weitere Störung in Präsentationen können Seitengespräche von Teilnehmern sein. Auch diese Situation können Sie selbstverständlich mit der Technik des Dreiklangs ansprechen oder Sie wählen eine der nun folgenden Alternativen, um souverän zu reagieren.

1. Sie nehmen es wahr und zunächst nicht persönlich. Dies ist immer die Basis, damit Ihre Handlungen aus der inneren Haltung von Gelassenheit gespeist werden. Richten Sie Ihre Aufmerksamkeit auf die beiden Teilnehmer, die in ein Gespräch vertieft sind, und sprechen Sie mit ihnen, obwohl sie Sie nicht ansehen. Starren Sie nicht oder versteifen sich nicht. Ihre Einstellung ist positiv oder zumindest neutral. Oftmals reicht dies, da Ihre Adressaten merken, dass Sie ihnen gerade besondere Aufmerksamkeit zuteilwerden lassen. Wenn sie es nicht selbst bemerken, dann fällt es den Sitznachbarn auf – und ich erlebe häufig, dass sie es dann freundlicherweise übernehmen, auf die Störung hinzuweisen. Vielleicht nicht, wenn es der Chef ist ....

2. Reicht dies nicht, dann kommt Stufe zwei. Sie machen eine kurze Sprechpause, während Sie die Sprechenden anschauen. Bitte tun Sie dies mit einem inneren Lächeln, sonst haben Sie schnell die Rolle des Oberlehrers, der missbilligend straft, und das mag niemand von uns. Schenken Sie der Quelle Ihrer Ablenkung kurz Ihre gesamte (sichtbare) Aufmerksamkeit. Ich spreche hier bewusst nicht von Störenfrieden, denn wenn sie Ihren Frieden wahrhaft stören würden, könnten Sie nicht lächeln. Wie in Variante eins bemerken die „Angesprochenen" die Veränderung oder werden von anderen Teilnehmern darauf hingewiesen.

3. Wenn Ihnen diese nonverbalen Möglichkeiten nicht zusagen oder keinen Erfolg bringen, dann äußern Sie sich. Sehr beliebt ist es, eine Frage zu stellen: „Haben Sie eine Frage? Kann ich vielleicht etwas näher erläutern?" Sie sehen, ich formuliere weich, denn ich möchte den beiden nicht zu nahe treten, und ich habe ja keine Ahnung, worum es tatsächlich geht. Die Art Ihrer Fragestellung sollte offen und wertschätzend, zumindest aber neutral, sein. „Kann ich etwas zu Ihrem Gespräch beitragen?" Von dieser Formulierung rate ich dringend ab, denn sie hat einen „Beigeschmack". Zu schnell sind wir an Situationen aus der Schulzeit erinnert.

4. Auch in dieser Situation funktioniert die Technik des Dreiklangs. Ihr erster Satz beginnt auf jeden Fall mit einer Selbstoffenbarung, denn Sie müssen zunächst einmal den Moment beschreiben, der Sie stört. Niemand außer Ihnen weiß, was Sie wahrgenommen haben und warum Sie jetzt aus der Rolle des Vortragenden aussteigen. Nehmen Sie auch alle anderen Zuhörer mit auf die Reise, wenn Sie eine Störung ansprechen: „Mir ist aufgefallen, dass Sie sich angeregt unterhalten. Haben Sie eine Frage zum Thema?“ Sie können in dieser Situation selbstverständlich eine Ja/Nein-Frage benutzen oder eine offene Frage stellen: „Welche Informationen kann ich ergänzen?“

Die letzte und deutlichste Variante ist, Ihrem Gefühl von Gestört-Werden direkt Ausdruck zu verleihen: „Es ist anstrengend für mich, hier vorne mein Thema vorzutragen, wenn Sie sich parallel unterhalten. Bitte setzen Sie Ihr Gespräch doch später fort.“ Das ist hart und wird wahrscheinlich als Angriff verstanden, denn Sie haben mit diesem Satz alle Anwesenden auf ein „Fehlverhalten“ aufmerksam gemacht. Ich persönlich nutze diese Möglichkeit so gut wie nie. Meistens reichen die ersten Varianten aus, um die Aufmerksamkeit wieder auf den Vortrag zu lenken. Und wenn nicht, dann spreche ich eben zu den restlichen Teilnehmern und akzeptiere, dass jeder das Recht hat, sich auch während meiner Präsentation auszutauschen.

ZUR ERINNERUNG

Stellen Sie zunächst in Frage, ob das für Sie vermeintliche Desinteresse wirklich Ihren Ausführungen gilt. Das, was Sie wahrnehmen, nehmen Sie für wahr, und deshalb vergewissern Sie sich, ob Ihre innere Bewertungsinstanz gerade die Führung übernimmt und Ihre inneren Zweifel und Befürchtungen in den Vordergrund treten. Entscheiden Sie, ob es tatsächlich Handlungsbedarf für Sie gibt und Sie den „Modus des Monologs“ verlassen sollten. Sprechen Sie die Situation gezielt an, indem Sie sich und Ihre Sicht (Befürchtungen) offenbaren. Dann erfragen Sie das Bedürfnis Ihrer Zuhörer, um Ihre Präsentation optimal anzupassen, und tun das auch. Diese Handlungsweise zeugt von einer inneren Haltung von Wertschätzung und Respekt Ihrem Publikum gegenüber.

Kapitel 11

Lampenfieber oder die Macht des Kopfkinos positiv nutzen

Entmachten Sie ihr Lampenfieber, indem Sie **die tatsächliche Stellschraube und Ursache** für den Grad Ihrer Nervosität erkennen. Machen Sie es wie Spitzensportler und nutzen Sie **Techniken aus dem Mentaltraining**, um sich selbst positiv zu bestärken. **Selbstsicherheit** und Selbstvertrauen sind das beste Gegengewicht – und diese bauen wir auf.

Jeder Präsentator kennt es und die meisten fürchten es: Lampenfieber, die übermächtige Nervosität zu Beginn eines Vortrags. Zumindest habe ich bisher noch keinen Präsentator getroffen, der sagt: „Übermächtiges Lampenfieber mit allen seinen Symptomen finde ich super! Toll, wenn die Stimme versagt, das Herz rast und mein Kopf sich ‚wattig' anfühlt." Dabei sollten wir tatsächlich froh sein, dass unser Körper auf den für uns ungewohnten und beunruhigenden Moment reagiert, denn so sichert er seit Urzeiten unser Überleben.

In einer bedrohlichen Situation hing damals und hängt auch heute noch unsere Existenz davon ab, dass wir blitzschnell richtig reagieren. Wenn also der Säbelzahntiger vor uns stand, dann gab es nur zwei Möglichkeiten: Angriff oder Flucht. Um beides gewährleisten zu können, wird auf Körperebene dafür gesorgt, dass der Sympathikus, eine der Hauptkomponenten des vegetativen Nervensystems, aktiviert wird. Das hat zur Folge, dass Adrenalin und Stresshormone ausgeschüttet werden, die Atemfrequenz erhöht und alles bereitgestellt wird, damit wir körperlich perfekt ausgerüstet sind, um zu reagieren. Er bewirkt eine Leistungssteigerung des gesamten Organismus, damit wir bei Angriffs- oder Fluchtverhalten außergewöhnliche Leistungen erzielen können. Nach „getaner Arbeit" wird der Gegenspieler, der Parasympathikus, aktiv. Der „Ruhenerv" ist zuständig für Entspannung und Regeneration. Sie kennen dieses wundervolle Gefühl der glücklichen Erschöpfung, wenn Sie Ihren Auftritt hinter sich gebracht haben.

Seien Sie dankbar für das gesunde Funktionieren Ihres Überlebensinstinktes und akzeptieren Sie, dass Nervosität ein Teil des Spiels ist. Damit sind wir beim ersten und wichtigsten Schritt: Bekämpfen Sie Ihr Lampenfieber nicht und verurteilen Sie sich nicht für diese „Schwäche", denn sie ist keine. Ihre Anspannung ist eine natürliche Reaktion und wenn Sie diese ablehnen, dann lehnen Sie sich bzw. einen Teil von Ihnen ab. Auf diese Art und Weise nähren Sie Selbstzweifel, das Gefühl, nicht gut genug zu sein, nicht aber Ihr Selbstvertrauen. Vertrauen und Zuversicht in Sie selbst sind aber die wahren Schlüssel für das langfristige Verringern von Unsicherheit und Ängsten, der mentalen Basis von Lampenfieber.

Bei Ihrem Auftritt bedroht Sie kein Säbelzahntiger und trotzdem schlottern Ihnen die Knie, zittern die Hände und der ganze Körper ist angespannt.

Obwohl keine reale Gefahr droht, reagiert Ihr System – und das niemals ohne Grund. Finden wir also heraus, was die tatsächliche Ursache für Ihr Lampenfieber vor der Präsentation ist.

Sie ahnen es schon – Ihre Befürchtungen, Erfahrungen und Vorstellungen sind die Triebfeder, die Ihr System in Aufregung versetzt. An meinem Beispiel möchte ich veranschaulichen, welchen Teil und in welchem Maße wir selbst dazu beitragen, dass Lampenfieber entsteht: Während meines Studiums in Berlin fuhren ein Kommilitone und ich am Potsdamer Platz an einem Bungeeturm vorbei. Er war sofort Feuer und Flamme und wild entschlossen, die hundert Meter in die Tiefe zu springen. Ich war ebenfalls versucht und – was soll ich sagen – ich bin die nächsten drei Tage Bungee gesprungen. Mit schweißnassen Händen, eiskalten Füßen und einem Stein im Magen konnte ich den Wind fühlen, das Schnappen des Karabinerhakens an meinem Sicherheitsgurt hören und der Blick in die Tiefe … Mir wird jetzt noch schlecht, wenn ich daran denke.
All das geschah, während ich in meinem Bett lag und mit mir rang, ob ich tatsächlich den Sprung in die Tiefe wagen sollte. Ich bin übrigens nie gesprungen; mir hat diese „Erfahrung" gereicht und sie hat mich etwas Entscheidendes gelehrt: Die Kraft meiner Gedanken und die Macht meiner Vorstellung sind so groß, dass ich – obwohl sicher und gemütlich in meinem Bett liegend – meinem System vorgaukeln konnte, in Lebensgefahr zu sein. Sonst hätte mein Körper nicht mit den oben geschilderten Symptomen reagiert.

In Präsentationen ist es die Befürchtung, eine Frage nicht beantworten zu können, nicht zu überzeugen, ein Blackout zu haben, sich oder das Team zu blamieren oder schuld daran zu sein, dass man den Auftrag nicht bekommt. All das sind Spielformen der gleichen Sorge: „Ich bekomme keine Anerkennung." Das menschliche Grundbedürfnis nach Wertschätzung und Akzeptanz durch die „Sippe" ist der Grundton, der durch alle Ängste schwingt. Wir haben über dieses Prinzip bereits im ersten Kapitel gesprochen. Um Ihrer übermäßigen Aufregung vor einer Präsentation Herr zu werden, setzen Sie genau hier an: Überprüfen Sie Ihre Vermutungen und Versagensängste auf ihren Wahrheitsgehalt.

Der Realitätsabgleich: Den Ängsten den Spiegel vorhalten

Der Grad unserer Nervosität hängt davon ab, was wir denken und besorgt annehmen. Unsere Erfahrungen sind der Nährboden für unsere Gedanken, aber genauso kräftig, wenn nicht noch machtvoller, ist unsere Fantasie. Was könnte Ihnen passieren? Was sind Ihre Befürchtungen vor einer Präsentation? Der innere Zweifler, eine Facette Ihrer inneren Bewertungsinstanz, schiebt sich nach vorne und übernimmt die Führung. Sie übergeben ihm unbewusst das Steuer und damit die Macht über Ihre Gefühlswelt, denn die Bilder, die er heraufbeschwört, ziehen negative Empfindungen nach sich. Ihre Emotionen sind echt, die körperlichen Reaktionen, die darauf folgen, auch. Die „Filme", die in Ihrem Kopf ablaufen, sind es nicht, aber Ihr System macht keinen Unterschied zwischen „real erleben" und „sich nur vorstellen". Es gaukelt Ihnen vor, Ihrem Überleben – im Sinne von „Sie versagen und werden keine Anerkennung erhalten" – droht Gefahr, und infolgedessen entsteht Lampenfieber.

Praxistipp

Finden Sie heraus, was dieser Teil in Ihnen denkt und wie real seine Annahmen tatsächlich sind, das ist ein notwendiger und gesunder Realitätsabgleich. Hören Sie Ihrem inneren Zweifler zu, noch besser schreiben Sie Ihre Unsicherheiten und Befürchtungen kurz auf. Dann prüfen Sie diese Punkt für Punkt auf ihren Wahrheitsgehalt. Werden Sie tatsächlich Ihren Job verlieren, wenn Sie in dieser Präsentation versagen? Stimmt es, dass Ihre Kollegen oder Ihre Zuhörer den Respekt vor Ihnen verlieren, wenn Sie rot werden oder eine (oder zwei oder drei) Fragen nicht beantworten können?

Machen Sie einen Abgleich zwischen diesem suggerierten Versagen und der Wirklichkeit. Dieser konkrete Dialog mit Ihrem inneren Bewerter hat den Vorteil, dass Sie sich vorsätzlich und selbstbestimmt mit Ihren negativen Annahmen auseinandersetzen. Sie nehmen dem inneren Zweifler das Steuer aus der Hand, Ihre Bedenken und Sorgen werden so kanalisiert und dadurch greifbar. Nutzen Sie die Hinweise aktiv, d.h. wenn Ihnen klar wird, dass Sie in einem Bereich tatsächlich nicht gut vorbereitet sind, dann können Sie im Vorfeld Abhilfe schaffen und diese Lücke schließen. Fragen Sie Ihre Freunde oder Kollegen, wie sie über Ihre Befürchtungen denken, und Sie werden feststellen: Mit der Fremdsicht rückt Ihr Selbstbild sich wieder zurecht. Finden Sie die Antworten für Ihre „Sorgenkinder", die schwierigen Fragen, indem Sie Kollegen oder Vorgesetzte um Hilfe bitten. Und erinnern Sie sich daran, dass Sie sich auf sich selbst verlassen können, immer. Denn Sie können „gehen, stehen, sprechen" und mit einer Vielzahl von Möglichkeiten reagieren. Mit dem Realitätsabgleich treffen Sie eine selbstermächtigte Entscheidung und unterscheiden zwischen durch Zweifel genährter Illusion und echten Hürden. Diese räumen Sie mit guter Vorbereitung aus dem Weg.

Menschlichsein wird glatter Perfektion vorgezogen, und sollte Ihre Nervosität überhandnehmen, dann geben Sie zur Not Ihr Lampenfieber zu. Bitte nutzen Sie dazu unbedingt starke Sprache, zum Beispiel: „Ich merke gerade, wie aufgeregt ich bin. Mir ist es so wichtig, Ihnen meine Ergebnisse gut und klar vorzutragen und mein Bestes zu geben, dass ich nervös bin." Mit dieser Selbstoffenbarung geben Sie sich ein Ventil und lassen einen Teil des Stress heraus. Allerdings werden dann alle Teilnehmer wissen, dass Sie Lampenfieber haben, und dies bestätigt sehen (wollen). Ihr Bekenntnis lenkt die Aufmerksamkeit.

Ihr Kopfkino positiv nutzen: Die Methode der inneren Leinwand

Glauben Sie, dass ein Boxer in den Ring steigt und sich vorher genau ausmalt, wie weh es tut, wenn er einen Schlag auf die Milz bekommt? Und wie furchterregend sein Gegner die Rechte schwingt? Oder wie peinlich seine Niederlage vor drei Jahren war? Wohl eher nicht, denn er ist doch nicht dumm und zieht sich selbst mit diesen Befürchtungen runter.

„Negativ-Inhalationen" nenne ich diese Art des Sich-selbst-fertig-Machens und jeder Sportler weiß, dass diese Form von Selbstprogrammierung Gift für eine gute Leistung ist. Denn so wie wir denken, fühlen wir uns und die Bilder, die wir in unserem Kopfkino laufen lassen, stimmen unser System. Es ist Ihre Entscheidung, ob Sie sich vor einer Präsentation weiterhin selbst schwächen wollen oder eben nicht. Machen Sie sich bewusst, dass Versagensangst und Zweifel genährt werden, wenn Sie sich vor Ihrem Auftritt an Misserfolge in der Vergangenheit erinnern und im Detail durchspielen. Indem Sie frühere Misserfolge auf den inneren Schirm holen, arbeiten Sie gegen sich selbst. Dasselbe gilt natürlich auch für den Blick in die Zukunft, in der Sie sich scheitern sehen. Indem Sie sich in der noch stattfindenden Redesituation in 3D und Multicolor versagen sehen, gaukeln Sie Ihrem System vor, dass sein „Überleben" in Gefahr ist, und es wird mit allen Körpersymptomen darauf reagieren. So nähren Sie den inneren Zweifler und mit dieser Reise in die Vergangenheit oder in die Zukunft wächst Ihr Lampenfieber schon Tage vor dem Event. In beiden Fällen sind Sie nicht im Moment präsent, sondern in Ihrem Kopfkino gefangen.

Spitzensportler trainieren nicht nur körperlich, sondern auch mental, indem sie den Fokus ihrer Aufmerksamkeit auf den Erfolg setzen und sich diesen detailliert ausmalen. Das können Sie auch. Stoppen Sie die Szenen des Versagens und entlassen Sie Ihren inneren Zweifler als Filmvorführer in Ihrem Kopfkino. Anders als in der Vergangenheit programmieren Sie sich in Zukunft positiv und drehen ab sofort Ihren eigenen Erfolgsfilm.

Mit der „Methode der inneren Leinwand", die ich Ihnen jetzt vorstelle, üben Sie in Zukunft Ihren Auftritt gedanklich. Immer dann, wenn Sie an Ihre Präsentation denken, sehen Sie sich mit Leichtigkeit und Souveränität die Inhalte vermitteln und Ihr Publikum begeistern. Mit dieser Vorstellung sind gute Gefühle wie Sicherheit, Freude und Zufriedenheit verknüpft. Fühlen Sie diese und bestärken Sie sich vor Ihrem großen Auftritt selbst. Mit diesem Mentaltraining bauen Sie ein echtes Gegengewicht zu Lampenfieber auf, nämlich Selbstvertrauen.

Praxis-tipp

Wie bei einer echten Generalprobe benötigen Sie Zeit, um sich Ihre Präsentation vor Ihrem geistigen Auge, in Ihrem inneren Kino, anzusehen. Sorgen Sie dafür, dass Sie ungestört sind, und nutzen Sie Ihre eigene Technik, um sich zu entspannen. Alternativ konzentrieren Sie sich einfach auf Ihre Atmung und zählen mit jedem Atemzug rückwärts von zehn bis eins.

In dieser Selbstprogrammierung geht es darum, sich die Kraft Ihrer Gedanken bewusst zunutze zu machen. Sie sind der Schöpfer Ihrer Umstände und der Regisseur des nun folgenden Films. Um sich selbst wohlwollend und liebevoll zu betrachten, verbinden Sie sich mit Ihrer Selbstliebe, der Liebe zu sich selbst. Diese finden Sie in Ihrem Herzen und es ist egal, wie groß oder klein sie ist. Sie ist da und es reicht völlig aus, wenn Sie mit dieser Absicht ein paarmal atmen. Sie können sich auch vorstellen, dass Sie sich selbst, Ihrem Herzen, ein Lächeln schenken und so herzlich mit sich selbst verbunden sind. Als Nächstes stellen Sie sich vor, dass in Ihrem Herzraum ein perfekter Kinosaal auf Sie wartet. In Ihrer Fantasie ist alles möglich und so finden Sie sich plötzlich in Ihrem inneren Kino wieder. Dieser Ort ist perfekt für Sie, denn Sie haben ihn mit Ihrer Vorstellungskraft erschaffen und können ihn jederzeit weiter verändern. Blicken Sie sich um und nehmen Sie erst einmal wahr, wie es hier aussieht. Es gibt Sitzgelegenheiten und Sie finden den für Sie besten Platz. Schauen Sie auf die weiße Leinwand vor Ihnen, denn jetzt beginnt die vollkommene Präsentation, mit Ihnen in der Hauptrolle. Vorhang auf!

Sehen Sie sich selbst zu, wie Sie Ihre Parkposition einnehmen, gelassen, vielleicht lächelnd in die Menge schauen, und hören Sie sich den ersten, vorbereiteten Satz sagen. Sie blicken in freundliche Gesichter, beginnen Ihre Rede und lassen Ihren Inhalt sich Chart um Chart entfalten. Jetzt kommt die Stelle, an der Sie eine Geschichte einflechten, mit starker Sprache die Flagge hissen und eine Kernaussage mit der Nutzenargumentation verdeutlichen. Sie benutzen die Technik der Wiederholung, bauen Ihre Charts animiert Punkt um Punkt auf und fühlen sich wohl auf Ihrer Bühne. Das ist der Schlüssel! Sie sehen sich selbst zu und fühlen dabei Freude, Leichtigkeit und großes Selbstvertrauen. Sie präsentieren mit großer Selbstverständlichkeit und völlig natürlich.

Eine Frage unterbricht Ihre Ausführungen und Sie hören sich selbst souverän darauf antworten. Oder Sie machen sich eine mentale Notiz, Informationen für diese Frage zusammenzutragen, um in der Realität darauf vorbereitet zu sein. Wird Ihnen ein Einwand oder eine Killerfrage entgegengeschmettert? Dann nutzen Sie voller Gelassenheit die Technik der Einwandbehandlung, indem Sie zurückfragen und herausfinden, was man gerade von Ihnen möchte.
In dieser Art gehen Sie durch die Inhalte Ihrer Präsentation, und immer dann, wenn Ihr Zweifler oder Kritiker das Steuer übernimmt, stoppen Sie den Film. Entweder Sie nutzen diesen Hinweis und bereiten sich später darauf vor oder Sie spulen den Film zurück, setzen neu an und präsentieren sicher weiter. So trainieren und entwickeln Sie Ihren „Selbstwert-Muskel“, das Gegengewicht zu Selbstzweifel und eigener Abwertung. Präsentieren Sie das Schlüsselchart, das letzte, und finden Sie den pointierten Schluss. Und genießen Sie dann den Schlussapplaus.
Beenden Sie Ihre private Filmvorstellung und gehen Sie aus dem Kinosaal wieder in Ihr Tagesbewusstsein, also ins Hier und Jetzt. Ob Sie mit der Atmung von eins bis zehn zählen oder sich sanft bewegen und strecken, dann tiefer atmen und die Augen öffnen, liegt bei Ihnen. Diese Langfassung kann einige Zeit dauern, je nach Übung und Umfang Ihrer Präsentation. Es spricht aber nichts dagegen, den Schnelldurchlauf zu wählen oder nur die Stellen, die Ihnen heikel erscheinen, vor Ihrem geistigen Auge positiv anzuschauen. Das geht jederzeit, am Schreibtisch, kurz vor Ihrem Auftritt. Der Schlüssel ist, die negativen Bilder zu stoppen und in positive zu wandeln. Sie sehen sich in Ihrem Film nicht länger als Verlierer und Versager, sondern als souveräner und gewinnender Präsentator, denn genau das ist es, was in Ihnen steckt.

Auch diese Technik ist nichts Neues, das Sie mühsam lernen müssen, denn Sie sind bereits gut trainiert darin, sich etwas vorzustellen. In Zukunft tun Sie dies allerdings in einer sich selbst bestärkenden Form. Es ist vor allem eine Entscheidung, die Sie treffen – gegen ein Sich-selbst-Herunterziehen und Bangemachen und für ein positives Verstärken Ihrer selbst. Mit dieser Methode aus dem Mentaltraining bauen Sie neues Selbstvertrauen auf – und das ist es, was den Unterschied macht. Lampenfieber werden wir nicht los;

wir können es aber verringern und Stück für Stück selbstermächtigt ein Gegengewicht dazu aufbauen, indem wir innere Sicherheit der Unsicherheit gegenüberstellen. Ich kann aus eigener Erfahrung berichten, dass innerlich in dem Moment ein Schalter umgelegt wird, in dem Sie sich trotz Lampenfieber daran erinnern, dass Sie sich auf sich selbst verlassen können. Das verändert alles.

Ich habe diesen Augenblick ganz bewusst vor ein paar Jahren erlebt (und seitdem immer wieder), als ich auf dem Weg zu meinem ersten Vortrag auf dem Filmkongress in Baden-Baden war. Ich sollte vor Kinobesitzern zum Thema „Kinomitarbeiter langfristig motivieren" sprechen. Motivation ist nicht mein Thema, wohl aber wertschätzende Kommunikation als nachhaltige Möglichkeit, Menschen Wert und Anerkennung zu vermitteln. In diesem Thema bin ich zuhause und kann auf bewährtes Wissen zurückgreifen. Aber die Form, ein Vortrag, und die Kombination der Inhalte waren Neuland für mich. Entsprechend wuchsen dann auch meine Nervosität und meine Angst zu versagen. Ich war gut vorbereitet, der Realitätsabgleich im Vorfeld hat meine wilden Fantasien relativiert und ich habe mich immer wieder in das Hier und Jetzt zurückgeholt, wenn ich nervös wurde. Das hat wunderbar funktioniert bis zu dem Moment, in dem ich im Kongresssaal ankam. Was soll ich sagen? Ich habe quasi neben mir gestanden und mir dabei zugucken können, wie mein Körper alle Symptome des Lampenfiebers entwickelte. Auch wenn ich das nicht verhindern konnte, war mir aber bewusst, warum mein Körper jetzt so reagiert, und ich habe es akzeptiert. Als Gegengewicht zu meinem inneren Zweifler, der bibbernd in der Ecke hockte, kam zum ersten Mal eine andere Stimme hinzu: Ich war nervös und zuversichtlich zugleich und ich hatte die tiefe Gewissheit, dass ich mir vertrauen kann. Mir war bewusst, dass ich immer reagieren und mir nicht wirklich etwas passieren konnte. Diese Erkenntnis und das Gefühl von Sicherheit, das damit einhergeht, begleiten mich seitdem. Und wenn mir das gelingt, dann gelingt es Ihnen auch.

Auf die Plätze, fertig ...: Entspannt starten

Sollte Ihr Lampenfieber trotz aller Vorbereitung kurz vor Ihrem Auftritt übermächtig werden, bieten Sie Ihrem System einen Moment bewusster Entspannung, indem Sie sich auf das Hier und Jetzt konzentrieren, also präsent sind. Im Moment sein bedeutet, mit Ihrer ganzen Aufmerksamkeit jetzt hier zu sein, und das erreichen Sie, indem Sie Ihr Sorgenkarussell stoppen und bewusst ein- und ausatmen.

Ich biete Ihnen zwei einfache Übungen an, die Sie kurz vor Ihrer Präsentation anwenden können. Indem Sie sich auf Ihren Körper konzentrieren und den Fokus Ihrer Aufmerksamkeit aus dem Kopf, weg von den Sorgen, zu Ihrem Körper verschieben, führen Sie sich in einen Moment der bewussten Entspannung. Geben Sie dem aktiven Nerv, dem Sympathikus, der gerade für Höchstleistung sorgt, eine kurze Verschnaufpause und gönnen Sie sich bei aller berechtigten Anspannung einen Moment der Erholung, bevor es richtig losgeht. Sie brauchen nichts weiter zu tun, als sich auf Ihre Atmung zu konzentrieren, und mit nur drei kleinen Schritten verhelfen Sie sich zu einer kurzen Ruhepause.

Da Sie kurz vor Ihrem Auftritt die Augen nicht schließen können, suchen Sie sich einen Fixpunkt, an dem Ihre Augen verweilen, ohne etwas konkret anzusehen:

Praxistipp

1. Fühlen Sie. Konzentrieren Sie sich auf Ihre Bauchatmung, d.h. folgen Sie mit Ihrer Aufmerksamkeit Ihrem Bauch, der sich bei der Einatmung nach außen wölbt und bei der Ausatmung nach innen zieht. Fühlen Sie diese Bewegung.
2. Sie beginnen zusätzlich jeden Atemzug gleich lang zu zählen – mit der Einatmung auf eins, zwei, drei, vier und der Ausatmung auf eins, zwei, drei, vier. Gleichzeitig fühlen Sie die Bauchbewegung wie in Punkt 1 beschrieben.
3. Jetzt verknüpfen Sie ein Bild mit dem Zählen und der Bewegung. Sie befinden Sie an Ihrem Lieblingsstrand, einem perfekten Ort. Verknüpfen Sie nun

das Einatmen mit dem Bild der Wellen, die sich vom Strand zurückziehen, und mit Ihrem Ausatmen fließen die Wellen an den Strand zurück. Eventuell drehen Sie die Bilder um: Einatmend sehen Sie Wellen, die sich am Strand brechen, und ausatmend Wellen, die sich zurückziehen. Was immer für Sie stimmig ist.

Mit diesen drei Komponenten ist Ihr ganzes System beschäftigt und abgelenkt von den Möglichkeiten, in der zukünftigen Präsentation zu versagen. Präsent zu sein – nicht gedanklich in der Vergangenheit oder in der Zukunft – ist das Gebot der Stunde. Sollten Ihre Gedanken abschweifen, kein Problem. Es ist Ihre Entscheidung, sich dann erneut auf Ihre Atmung wie oben beschrieben zu konzentrieren. Gönnen Sie sich so eine Minute Auszeit und Entspannung, bevor es tatsächlich losgeht.

Eine andere körperliche Entspannungsmöglichkeit kurz vor Ihrem Start ist es, den Körper vollkommen anzuspannen und im zweiten Schritt bewusst loszulassen: Krallen Sie die Füße zusammen, spannen Sie Beine und Po an, ziehen Sie den Bauch ein und halten Sie die Arme, Schultern und Hände angespannt. Atmen Sie dabei ein, halten Sie die Luft an und erst wenn der Impuls zum Ausatmen kommt, lassen Sie mit dem Ausatmen den ganzen Körper locker. Genießen Sie den entspannten Zustand und scannen Sie Ihren Körper, ob Sie auch wirklich alle Muskeln locker lassen.

Sollte das in dieser Form schwierig auszuführen sein, dann spannen Sie bewusst und mit Kraft nur Ihre Hände (zur Faust ballen) mit der eben beschriebenen Atmung an. Wiederholen Sie diese Übung, lenken Sie Ihr Bewusstsein auf den Moment und das, was Sie gerade tun. Dabei an Ihr Scheitern zu denken ist nicht Sinn der Sache. Gönnen Sie sich in jedem Fall einen ganz bewussten Atemzug (tiefe Bauchatmung), bevor Sie anfangen zu sprechen.

ZUR ERINNERUNG

Lampenfieber entsteht im Kopf und bildet sich dann körperlich ab – und das aus gutem Grund! Akzeptieren Sie dankbar Ihre erhöhte Leistungsbereitschaft, aber erinnern Sie sich daran, dass Sie den Grad Ihrer Nervosität beeinflussen können. Kein Säbelzahntiger bedroht Ihr Überleben und „präsent zu sein“ ist das Gegenteil von Rückblick – was in der Vergangenheit schon alles schief gegangen ist – oder Vorschau, in der Sie sich vorstellen, wie Sie versagen. Vertrauen Sie auf sich und Ihre Fähigkeiten, üben Sie sich (auch im Geiste) und sammeln Sie ab sofort die Erfolgserlebnisse. Und sollten alle Stricke reißen und auch das bewusste und tiefe Atmen nicht reichen, dann teilen Sie Ihre Nervosität kurz und positiv mit: „Diese Situation ist mir so wichtig und ich möchte Ihnen auf beste Art und Weise vermitteln, warum Projekt xy von Vorteil für Sie ist, dass ich jetzt ein wenig aufgeregt bin.“

Worauf es wirklich ankommt

Alles, was Sie für Ihren souveränen Auftritt und die gute Vermittlung Ihres Inhaltes benötigen, ist längst **Teil Ihres Repertoires**. Wenn Sie das erkennen, dann haben Sie den ersten und wichtigsten Schritt geschafft. Im nächsten Schritt erlauben Sie sich, die **alten Glaubenskorsetts abzulegen**, wie Sie als Präsentator zu sein haben, um gut anzukommen. Jetzt haben Sie die **Basis für Ihren ganz persönlichen und natürlichen Auftritt**.

Sie können bereits präsentieren und tun dies jeden Tag. Vielleicht nicht immer vor einem großen Publikum und mit PowerPoint und Beamer, aber in jedem Meeting, in jeder Diskussion und auch am Telefon präsentieren Sie sich und Ihre Sache. Ihre normalen Ausdrucksmittel reichen vollständig aus, um im wahrsten Sinne des Wortes zu verkörpern, was Ihnen wichtig ist. Jeden Tag beweisen Sie, dass Sie Ihre Ansichten und Ihre Inhalte natürlich und sicher vermitteln können.

Der wahre Schlüssel für Ihren guten Auftritt sind nicht das Wissen um Rhetorik oder eine Vielzahl an Techniken und Tricks. Es ist Ihre innere Haltung. Ihre Einstellung sich selbst, der Situation und Sache gegenüber bestimmt Ihre Wirkung. Wie sehen Sie sich und – was viel wichtiger ist – wie bewerten Sie sich selbst als Präsentator? Mögen Sie, was Sie tun? (Wert)schätzen Sie Ihre Zuhörer und sich selbst in Ihrer Rolle als Führungskraft? Denn das sind Sie – ein Lotse, der durch einen Inhalt führt.

Die Formel ist einfach: So wie Sie eingestellt sind, so werden Sie wirken – und dies ist die tatsächliche Weichenstellung für die Art und Weise, wie Ihre Zuhörer Sie wahrnehmen werden. Verändern Sie Ihre Sichtweise auf sich und die Situation, dann folgt Ihr sprachlicher und köpersprachlicher Ausdruck automatisch. Entspannen Sie sich und vertrauen Sie auf sich selbst. Ihre nonverbalen und verbalen Ausdrucksinstrumente sind für Sie jederzeit griffbereit. Diese müssen Sie nicht trainieren und auch während der Präsentation sollten Sie nicht bewusst auf sie achten. Auf Ihre „angewachsenen" Instrumente können Sie sich einfach verlassen und so lassen Sie Ihre Hände ihren „Job tun" und gestikulieren natürlich. Ihre Mimik spricht Bände, Ihre Stimme ist bewegt, da Sie es sind. Sie schauen Ihre Zuhörer an – jeden Einzelnen –, denn Sie meinen alle und sprechen daher zu allen. Starke Sprache unterstreicht selbstverständlich Ihre Aussagen, wenn Sie von dem überzeugt sind, was Sie vermitteln. Und ein Lächeln, das von Herzen kommt, wärmt an. Sie dürfen auch in einem offiziellen Kontext persönlich sein, nach dem nächsten Wort suchen, sich gedanklich (laut) sortieren und auf eine Frage keine Antwort wissen. Bleiben Sie trotzdem in der Führung, indem Sie zum Beispiel mit Sprech-Denken überbrücken, bei vermeintlichen Angriffen Ihre Annahmen hinterfragen und Ihre Folien so reduziert und strategisch sinnvoll aufbauen, dass Ihre Zuhörer Sie als Lotsen für die Vermittlung brauchen.

Letztlich entscheidet das gute Gefühl Ihres Publikums zu Ihnen und in der Folge zu Ihrem Inhalt, den Sie repräsentieren.

Das Geheimnis eines charismatischen Redners sind nicht seine besondere Gabe, perfekte Rhetorik oder professionelle Unterlagen, es ist das Selbstverständnis des Präsentators, der mit Spaß, aus Überzeugung und mit Herzblut seine Sache verkörpert.

Die Tipps und Techniken in diesem Buch dienen in erster Linie dazu, Ihnen mehr Sicherheit zu geben. Ein natürliches Auftreten ist einfach. Es wird Ihnen leicht fallen, die dazugehörigen Mittel in sich zu entdecken und sich Ihrer selbst sicher zu sein. Trauen Sie sich und üben Sie sich im selbstverständlichen Gebrauch. Fangen Sie gleich damit an – denn „man kann nicht *nicht* präsentieren", und deshalb ist zum Beispiel jedes Meeting eine gute Trainingsmöglichkeit für Sie. Geben Sie sich selbst ein realistisches und ausgewogenes Feedback. Lenken Sie Ihren Blick auf die Dinge, die Ihnen gut gelungen sind, und trainieren Sie so Ihren Selbst-Wert-Muskel. So wächst Ihr Selbstvertrauen und diese innere Haltung wird sichtbar und spürbar – für Sie selbst und Ihre Zuhörer. Und bleiben Sie wachsam. Erkennen Sie, wenn Ihre innere Bewertungsinstanz (Ihr Ego) Sie mit überkritischem Blick mustert und suggeriert, Sie könnten gar nicht professionell präsentieren. Prüfen Sie gewissenhaft, was davon ein wertvoller Hinweis für weitere Entwicklung und wirkliche Verbesserung ist und was einfach nur altem Denken, früherem Feedback und Ihrer eigenen überkritischen Bewertung entstammt. Selbsterkenntnis und Selbstbewusstsein (sich selbst bewusst sein) sollen Ihr Leitmotiv für eine neue Selbstwahrnehmung und eigene Wertschätzung sein. Bauen Sie das Vertrauen in sich und Ihre natürlichen Fähigkeiten weiter auf. Je sicherer Sie sich fühlen, in dem was Sie (re)präsentieren, desto souveräner werden Sie wirken. Mehr Leichtigkeit und Spaß für Sie als Präsentator sind die neue Maxime! Wenn das Ihre innere Haltung ist, dann strahlen Sie es auch aus. Dieser Funke springt über und auch wenn Ihre Inhalte keinen Anklang finden oder eine Idee sich nicht verkauft, so können Sie als Mensch dennoch die Anerkennung Ihrer Zuhörer erlangen. Wenn Sie erkennen, was Sie bereits können, welchen Schatz an Mittel und Werkzeugen Sie besitzen, um natürlich und souverän aufzutreten, dann wächst Ihre Freiheit und damit einhergehend Ihre Souveränität. Präsentieren macht dann Spaß – Ihnen und Ihrem

Publikum, denn Sie bieten das, was eine gelungene Präsentation auszeichnet: eine authentische und lebendige Vermittlung durch einen guten Präsentator.

ZUR ERINNERUNG

Worauf es wirklich ankommt? Verlieren Sie die Angst und vertrauen Sie sich und Ihren Ausdrucksmöglichkeiten! Fangen Sie an, sich selbst realistisch zu sehen, und wandeln Sie jedes Zerrbild von sich, das durch die übertriebene und überkritische Selbstsicht genährt wird. Erkennen Sie sich endlich selbst dafür an, was Ihnen bereits gut gelingt, und stellen Sie zumindest infrage, ob Ihre alten Überzeugungen, wie „man" professionell zu präsentieren hat, Ihnen noch dienen.

Sie wollen souverän und sicher wirken? Dann erinnern Sie sich daran, dass alles, was Sie benötigen, um professionell zu präsentieren, in Ihnen vorhanden ist. Sie benötigen nur den Mut, aus alten Vorstellungen und dem üblichen „Präsentations-Korsett" auszusteigen. Ihr neues Leitmotiv heißt: „Natürlich zum starken Aufritt" – und dann präsentieren Sie einfach!

Zur Erinnerung: Ihr Werkzeugkasten

Wie jeder gute Handwerker weiß, gibt es für unterschiedliche Anforderungen immer **ein bestes Mittel**. Wählen Sie, was zu Ihnen und Ihrer Situation passt, und pflegen Sie Ihr Handwerkzeug, indem Sie es regelmäßig benutzen. Erinnern Sie sich daran, dass diese Werkzeuge Teil Ihres natürlichen Repertoires sind und **nichts, was Sie neu lernen müssten**. Probieren Sie aus, üben Sie und werfen Sie immer wieder einmal einen Blick in diesen Werkzeugkasten. So erlangen Sie **mehr Sicherheit** in der effektiven Verwendung der hier aufgelisteten Möglichkeiten.

Atemübung zur Entspannung bei Lampenfieber (Seite 138)
Konzentrieren Sie sich auf Ihre Atmung und verschieben Sie den Fokus Ihrer Aufmerksamkeit aus dem Kopf, weg von den Sorgen, zu Ihrem Körper. Oder Sie spannen den ganzen Körper an und mit dem Ausatmen entspannen Sie bewusst alle Muskeln. Nutzen Sie die Bauchatmung als Gegengewicht zur flachen Brustatmung („Fluchtatmung").

B-Taste für eine visuelle Zäsur (Seite 99)
Indem Sie den Bildschirm mit Hilfe der B-Taste schwärzen, schaffen Sie sich selbst eine Bühne ohne visuelle Ablenkung. Nutzen Sie diese effektvolle Möglichkeit, wenn Sie für ungeteilte Aufmerksamkeit für Ihre Botschaften sorgen wollen.

Dreiklang – Störungen ansprechen (Seite 126)
Finden Sie heraus, ob Sie Ihren Präsentationsmodus verändern sollten, indem Sie

1. Mit einer Selbstoffenbarung (einem Ich-Satz) Ihren Präsentationsmodus unterbrechen: „Ich habe den Eindruck …"
2. Dann stellen Sie eine offene Frage, um herauszufinden, was tatsächlich in den Köpfen der „Teilnahmslosen" vorgeht: „Was fehlt Ihnen, damit …"
3. Reagieren Sie erst, wenn Sie wirklich wissen, was gerade gespielt wird.

Dramaturgie – Den Spannungsbogen im Vierklang gestalten (Seite 70)
Planen Sie, *wie* Sie Ihr Thema vermitteln und das Interesse der Menschen wecken, sie unterhalten und Kopf und Herz gleichermaßen ansprechen. Legen Sie die Elemente des „Vierklangs" – Einleitung, Eröffnung (Intro), Höhepunkt und Schluss – fest, um einen gelungenen Spannungsbogen zu inszenieren.

Einwänden souverän begegnen (Seite 112)
Sollten Ihnen während der Präsentation sogenannte „Killerphrasen" – zum Beispiel „Das kann nicht sein!" oder „Das funktioniert doch nicht …" – entgegengeschmettert werden, dann begegnen Sie diesen in drei Schritten:

1. Annehmen des Einwands (heißt nicht ihn inhaltlich zu akzeptieren) oder anders gesagt: „Fangen Sie den Ball."
2. Finden Sie heraus, was Ihr Gegenüber tatsächlich meint, mit einer offenen Frage (Filterfrage). „*Was genau*" ist hier die Kurzformel.
3. Jetzt erst reagieren bzw. argumentieren Sie, denn jetzt erst wissen Sie, was Ihr Gegenüber von Ihnen will.

Flaggensprache (Seite 78)
Flaggensprache hisst sprachlich eine Fahne an genau der Stelle in Ihrer Rede, an der es einen Höhepunkt oder etwas Besonderes gibt. „Das Wichtigste ist für Sie, dass …". Mit dieser Technik stellen Sie sicher, dass die Aufmerksamkeit Ihrer Zuhörer auf den folgenden Punkt gelenkt wird.

Formel für eine klare Struktur – Seien Sie Ihr eigener Regisseur (Seite 92)
Damit Sie sich selbst zielorientiert und in der Folge auch Ihre Zuhörer durch den Inhalt führen können, wenden Sie eine einfache Faustregel an. Fragen Sie sich immer wieder: Wie fange ich an? Was ist meine Kernaussage und wie beende ich dieses Chart wirksam und stark? Auf diese Art und Weise strukturieren Sie Ihren Inhalt effektiv.

Eine weitere Erfolgsformel, um sich selbst inhaltlich zu führen, ist folgende Dreierkombination:

1. Sagen Sie den Leuten, was Sie Ihnen sagen werden.
2. Sagen Sie es.
3. Dann sagen Sie, was Sie gesagt haben.

Diese Strukturierungshilfe wenden Sie für die gesamte Präsentation und für größere Sachzusammenhänge an.

Fragekarten (Seite 109)
Verteilen Sie zu Beginn der Präsentation Fragekarten und bitten Sie darum, dass Fragen, Anmerkungen und Kritik während der Präsentation auf diesen notiert werden. Sollten Sie dann unterbrochen werden und möchten diese Frage an der Stelle nicht beantworten, dann verweisen Sie auf die Karten und Ihre Abmachung. Achtung: Auf Verständnisfragen antworten Sie sofort.

Sollten Sie dazu keine Auskunft geben können, gibt es nur eine Option: Geben Sie es zu. Das gilt für alle Fragen, auf die Sie keine Antwort wissen.

„Geheimwaffe" Lächeln (Seite 21)
Finden Sie Ihr Grundlächeln in sich, denn ein Lächeln, das von Herzen kommt, wärmt an. Es ist ein Ausdruck Ihrer inneren Grundhaltung und sorgt dafür, dass Sie von innen heraus strahlen. Erinnern Sie sich an eine Situation, die Ihnen ein Lächeln auf die Lippen zaubert, und starten Sie mit diesem Gefühl dann Ihren Vortrag.

Grundzutaten und besondere „Gewürze" für Ihre Selbst-Präsentation (Seite 52)
Neben den klassischen Bestandteilen wie Ihrem Namen, Ihrer Position im oder dem Namen des Unternehmens wählen Sie Informationen, die Ihnen persönlich Profilierungsmöglichkeiten bieten. Bauen Sie eine Brücke oder schaffen Sie eine Verlinkung zu Ihrer Präsentationssituation und den vor Ihnen sitzenden Personen, durch Ihre passenden Fallbeispiele, Expertise oder Hobbys.

Interaktion durch Fragen – Kurze Unterbrechung Ihres Monologs (Seite 89)
Stellen Sie Fragen, die Sie wirklich interessieren und die Ihnen eine Verbindung zu Ihrer Präsentation ermöglichen. Wählen Sie:

1. Impulsfragen
2. Quizfragen
3. Auktionsfragen
4. Aufhängerfragen

Intro – der aufmerksamkeitsstarke Einstieg für den inhaltlichen Start (Seite 72)
Nach Begrüßung, Selbstpräsentation und dem Überblick über die Module Ihrer Präsentation in der Einleitung führen Sie Ihre Zuhörer gezielt in das Thema, zum Beispiel mit:

→ einem Zitat
→ einer Statistik

- einer verblüffenden Behauptung
- einem Bild
- einem Überraschungseffekt.

Bei der Wahl Ihres Mittels beachten Sie vor allem eines: Es muss zu Ihrem Thema, zu Ihrer Zielgruppe und zu Ihnen persönlich passen.

Killerphrasen gezielt hinterfragen (S. 117)
Finden Sie die „Killerphrasen" heraus, die Ihnen häufig begegnen, und formulieren Sie verschiedene Fragemöglichkeiten. Das Wiedererkennen in der nächsten Präsentation hilft Ihnen, dann mit einer Filterfrage zu reagieren, die Sie im Vorfeld vorbereitet haben. Den Einwand „Das geht nicht!" hinterfragen Sie zum Beispiel so:

- Was genau geht Ihrer Meinung nach nicht?
- Warum sollte es Ihrer Meinung nach nicht funktionieren?
- Was spricht denn dagegen, es einmal so auszuprobieren?

Kontakt herstellen – die „Leuchttürme" im Publikum (Seite 25)
Nur über den Blickkontakt können Sie wahrnehmen, wie Ihre Zuhörer auf Sie reagieren. Finden Sie bei einer großen Zuhörerschaft die „Leuchtbojen" für sich heraus. Damit meine ich die Sie positiv verstärkenden Gesichter. Diese sind Ihre Anker oder Fixpunkte, von denen Sie selbstverständlich Ihren Blick weiter schweifen lassen. Sie möchten jeden Einzelnen in Ihrem Publikum erreichen und sehen jeden deshalb direkt an.

Korkentrick für deutliches und kraftvolles Sprechen (Seite 34)
Der Trick aus Theater und Schauspieltraining: Sprechen Sie als Übung ein paar Sätze mit einem Korken zwischen den Schneidezähnen und erhalten so ein Gefühl für „Überartikulation". Diese sorgt in Ihrer Präsentation dafür, dass Sie ganz deutlich und sehr betont sprechen. So ist es unmöglich, zu schnell zu sprechen oder zu nuscheln.

Methode der inneren Leinwand – Mentaltraining gegen Lampenfieber (Seite 135)
Wie bei einer echten Generalprobe durchlaufen Sie Ihre Präsentation, allerdings nur vor Ihrem geistigen Auge, in Ihrem inneren Kino. Mit dieser Selbstprogrammierung machen Sie sich die Kraft Ihrer Gedanken bewusst zunutze und trainieren und entwickeln Ihren „Selbstwert-Muskel", das Gegengewicht zu Selbstzweifel und eigener Abwertung. Der Schlüssel ist, die negativen Bilder zu stoppen und in positive zu wandeln.

Nebensatztechnik (Seite 56)
Sie behaupten etwas, ohne weichgezeichnete Einschränkung, und bieten nach dem Komma einen Beleg für Ihre Aussage an. Diese Technik wird es Ihnen leichter machen, wenn Sie sich selbst präsentieren und positiv über sich selbst sprechen.

Nutzenargumentation (Seite 79)
Wenn Sie überzeugen wollen, dann setzen Sie die „Nutzenargumentation" ein. Sie geben die Information, dann kommt ein Punkt oder Komma und darauf folgt der von Ihnen eindeutig übersetzte Vorteil für Ihre Zuhörer. Mit den „Übersetzungsformeln" weisen Sie unmissverständlich auf den dann folgenden Nutzen hin:

- das bedeutet für Sie
- das hat (für Sie) den Vorteil, dass
- Ihr Nutzen liegt darin, dass
- Sie/Ihr Team profitieren davon, indem
- xy sichert Ihnen/uns
- konkret heißt das für Sie

Parkposition (Seite 30)
Finden Sie für den Beginn Ihrer Präsentation eine Ruheposition oder Starthaltung für Körper und Hände, die Ihnen gut steht. Um Ihre individuelle „Parkposition" herauszufinden, probieren Sie verschiedene „Haltungen" aus und lassen sich dazu von Freunden ein Feedback geben, wann Sie besonders sicher und authentisch wirken.

PowerPoint-Charts strategisch nutzen (Seite 98)
Sie unterscheiden in Zukunft zwischen einer Präsentation, die als visuelle Unterstützung für Ihren Vortrag gezeigt wird, und der Dokumentation Ihres Vortrags, die Sie aushändigen. Widmen Sie sich jedem einzelnen Chart Ihrer Präsentation und wenden Sie drei einfache Schlüssel an. Sie heißen: Reduktion. Reduktion. Reduktion.

1. Reduktion: Begrenzen Sie die Fülle Ihres Materials, damit meine ich konkret die Anzahl Ihrer Charts, die Sie zeigen werden.
2. Reduktion: Verringern Sie den Inhalt auf Ihren Folien, indem Sie nur die Schlüsselwörter Ihrer vollständigen Sätze stehen lassen.
3. Reduktion: Die dritte Verringerung der sichtbaren Textmenge erzielen Sie durch Animation, das punktuelle Angebot des Inhalts in sinnvoller Reihenfolge.

Realitätsabgleich (Seite 132)
Unser Lampenfieber und der Grad unserer Nervosität hängen davon ab, was wir denken und besorgt annehmen. Finden Sie heraus, was der Kritiker in Ihnen denkt und wie real seine Annahmen tatsächlich sind. Schreiben Sie Ihre Unsicherheiten und Befürchtungen kurz auf und prüfen Sie sie auf ihren Wahrheitsgehalt. Nutzen Sie die Hinweise aktiv in Ihrer Vorbereitung auf Ihren Auftritt.

Schlüsselchart – Der nachhaltige Schluss (Seite 82)
Nutzen Sie die größte Chance in Ihrem Monolog, zum Schluss noch einmal deutlich zu machen, was Ihre Präsentation ausmacht: Auf Ihrem letzten Chart („Schlüsselchart") können Sie ein Fazit ziehen, eine Zusammenfassung der wichtigsten Punkte anbieten, die Vorteile erneut zusammentragen oder Ihre besten Argumente wiederholen.

Schlüsselwörter (Seite 103)
Schlüsselwörter sind Ihr Werkzeug für die Reduktion von Textwüsten. Egal, ob Sie die Charts für das Booklet formvollendet selbst erstellt haben oder für einen Kollegen einspringen und Ihnen fremde Folien vortragen. Nehmen Sie sich einen Moment der Vorbereitung und gehen mit dem Rotstift bzw. der

Löschen-Taste durch die einzelnen Seiten. Lassen Sie genau jene Passagen, Wörter und Fragmente stehen, die in Ihrem Kopf einen Anker für die dahinter liegenden Informationen bilden.

Seitengespräche souveräner handhaben (Seite 127)
Wählen Sie eine oder eine Kombination von Möglichkeiten, um souverän auf Seitengespräche zu reagieren. Als Grundhaltung gilt: Sie nehmen es wahr und nicht persönlich.

1. Richten Sie Ihre Aufmerksamkeit auf die beiden Teilnehmer, die in ein Gespräch vertieft sind, und sprechen Sie mit ihnen, obwohl diese Sie nicht anschauen.
2. Machen Sie eine kurze Sprechpause, während Sie die Sprechenden anschauen.
3. Reagieren Sie verbal: „Haben Sie eine Frage? Kann ich vielleicht etwas näher erläutern?"
4. Sprechen Sie die Situation im Dreiklang an: „Mir ist aufgefallen, dass Sie sich angeregt unterhalten. Haben Sie eine Frage zum Thema?" oder „Welche Informationen kann ich ergänzen?"

Selbstwert-Muskel trainieren (Seite 17)
Bauen Sie ein Gegengewicht für Ihre Selbstkritik auf: Für jede kritische (Ab-) Wertung finden Sie etwas, was Ihnen gut gelungen ist. Richten Sie Ihren Fokus neu aus und auf die Gaben, die Sie souverän beherrschen: Sie haben flüssig gesprochen? Blickkontakt zu allen Zuhörern aufgenommen? Gelächelt? Gut gemacht! Erkennen Sie selbst an, was Sie bereits können.

Sprachbilder – Führen Sie Regie im Kopfkino der Zuhörer (Seite 91)
Neben den Fotos in Ihren Charts setzen Sie Sprachbilder ein, um Inhalte aufzulockern und zu illustrieren. Emotionalisieren Sie Ihren Inhalt, indem Sie eine Situation ausmalen, und gestalten Sie über eindeutige und bildhafte Sprache das „Kopfkino" Ihrer Zuhörer.

Sprech-Denken (Seite 42)
Im Fall einer gedanklichen Lücke ist Sprech-Denken die einfachste und hilfreichste Technik zur Überbrückung. Geben Sie Ihren Gedanken, dem Suchen nach dem richtigen Wort einfach Ausdruck. Kommentieren Sie kurz (positiv), was Sie gerade tun: „Ich suche nach dem richtigen Wort … Ich muss mich kurz sortieren …" Dies wirkt souverän, Sie bleiben in der Führung und Ihre Zuhörer können Ihnen folgen.

Standing: innen wie außen (Seite 28)
Finden Sie eine innere Haltung von „Stolz-auf-sich-" oder „Zufrieden-mit-sich-Sein" – und das vor der erbrachten Leistung. Eine andere Möglichkeit, ein Gefühl von natürlicher Größe und gutem Standing (Gestandensein) zu erreichen: Stellen Sie sich vor (und tun es), dass Sie sich in sich selbst zu Ihrer wahren Größe aufrichten. Ihre Haltung ist dann königlich, aufgerichtet und präsent. Atmen Sie entspannt und bewusst in den Bauch ein und über die Füße in den Boden aus.

Starke Sprache anstelle von Weichzeichnern (Seite 44)
„Weichzeichner-Sprache" (oder „Hintertürchen-Sprache") verrät die eigene Unsicherheit oder Zweifel. Der Einsatz von Konjunktiven und Füllwörtern wie „eigentlich, irgendwie, vielleicht, manchmal" verwässert Ihre Aussage und lässt Ihrem Zuhörer die Wahl, wie überzeugend er Ihre Ausführungen findet. Lassen Sie die Weichzeichner weg, setzen Sie „starke Sprache" ein.

Starker Start: Nutzen Sie den ersten Satz als Ihre verbale Sicherheitsinsel (Seite 71)
Lassen Sie Floskeln wie „Guten Tag, meine Damen und Herren. Ich freue mich sehr, dass ich heute hier sein darf. Im Folgenden möchte ich Ihnen xyz präsentieren …" einfach weg. Sie möchten nicht, Sie tun es. Beginnen Sie mit einer kleinen Verzögerung von maximal zwei bis drei Sekunden und starten dann pointiert. Zum Beispiel so: „Ziel ist es, Ihnen in den nächsten dreißig Minuten aufzuzeigen, welche Lösungen wir für Ihre Anforderungen beim Thema xy gefunden haben ..." Mit dem ersten Satz stellen Sie die Weiche für Ihre Kontaktaufnahme mit dem Publikum und in Ihr Thema.

Storytelling – strategisch Geschichten erzählen (Seite 86)
Um das Angebot Ihrer Inhalte abwechslungsreich und kurzweilig zu gestalten, erzählen Sie an strategisch ausgewählter Stelle eine Geschichte. Mit dieser natürlichen Art und Weise des Präsentierens vermitteln Sie Ihre Fallbeispiele aus der Praxis, Ihre persönliche und berufliche Erfahrung oder Zusatzinformationen mit Leichtigkeit.

Strategisches Sitzen (Seite 51)
Positionieren Sie sich und Ihre Kollegen doch so in der Sitzordnung, dass Sie nicht alle nebeneinander und die Teilnehmer Ihnen gegenübersitzen. Das nennt man Opposition und Ihr Ziel ist es doch, einen Schulterschluss herzustellen, oder? Lassen Sie Ihr Team auf beiden Seiten des Tisches oder Raumes Platz nehmen, damit alle Blickkontakt miteinander aufnehmen können.

Technik der Wiederholung (Seite 88)
Wenn Sie Ihre Aussagen in den Köpfen der anderen verankern wollen, wiederholen Sie Ihre wichtigen Aussagen und Kernbotschaften mündlich, aber auch auf Charts oder dem Flipchart, denn wir lernen durch Wiederholungen. Sie erhöhen die Chance, dass Ihre Zuhörer Ihre Punkte aufnehmen, und haben mit dieser Technik ein Steuerungsinstrument in der Hand, um Ihre Aussagen zu verstärken.

Überleitungen – Den Stab souverän übergeben (Seite 59)
Finden Sie eine Alternative für die Standardfloskel: „Und jetzt übergebe ich das Wort an meinen Kollegen XY …" Im Sinne von kollegialer Unterstützung haben Sie die Chance, mit Ihrer Überleitung thematisch den Teppich für Ihren Kollegen auszurollen und es ihm leicht zu machen, in sein Thema einzuführen. In diesem Fall geben Sie eine kurze Einleitung in sein Thema oder bringen Sie Ihren Part noch einmal auf den Punkt.

„Verabredeter Dialog" – Präsentieren im Team (Seite 61)
Ermöglichen Sie Ihren Zuhörern ein größeres Wechselspiel an Interaktion und Abwechslung, indem Sie Ihren Monolog unterbrechen und in den Dialog mit Kollegen treten. Ihr Kollege plaudert über eine strategisch ausgewähl-

te Situation, mit der Sie Ihren Gesprächsteil bebildern, auflockern und zusätzliche Informationen vermitteln. Kurz und knapp, dann führen Sie weiter durch Ihren Präsentationsteil. Diesen „verabredeten Dialog“ können Sie noch ausweiten, indem Sie ihn zu zweit als „Talk-Show-Element“ einbeziehen.

Zeit und Inhalt im Team managen (Seite 66)
Nach vorheriger Absprache und mit Erlaubnis des Kollegen unterbrechen Sie diesen, falls es thematisch notwendig ist. Nennen Sie ihn beim Namen: „Herr Fink, lassen Sie mich kurz einhaken/ergänzen/hinzufügen …“ Übernehmen Sie für einen kurzen Moment das Steuer und geben inhaltlichen Input und gegebenenfalls eine kurze Regieanweisung, wie der Präsentator weitermachen sollte.

Zeitkarte – Regieanweisung für ein gelungenes Zeitmanagement (Seite 64)
Die einfachste Lösung ist, Ihren Kollegen direkt auf das noch verbleibende Zeitfenster konkret hinzuweisen. Ganz elegant können Sie dies tun, indem Sie eine vorher beschriebene farbige Karte mit dem Hinweis „fünf Minuten“ (5’) sichtbar vor sich halten. Und zwar so lange, bis Ihr Teamkollege diese bemerkt hat. Sollten Sie alleine durch einen Inhalt führen, spricht nichts dagegen, einen Teilnehmer zu bitten, für Sie den Zeitwächter zu spielen.

Danksagung

Das Schaffen eines Buches ist ein Prozess, an dem viele beteiligt sind – das weiß ich jetzt. Ich möchte allen, die an der Erstellung dieses Ratgebers beteiligt waren, von Herzen danken. Dazu gehören meine Freunde, meine Familie, das Team des Linde Verlags, die be:comm-Kunden und alle Teilnehmer meiner Seminare, denn sie haben mir vertraut, mich inspiriert und ermutigt, mein Angebot in Worte zu fassen. Allen voran möchte ich Sabine Vogt und Ute Wieckhorst, die unermüdlich und mit viel Geduld immer wieder meine Texte gelesen und Feedback dazu gegeben haben, nennen.

Und auch Ihnen möchte ich meinen Dank aussprechen, denn indem Sie dieses Buch lesen und in Zukunft hoffentlich einfach präsentieren werden, verändern wir gemeinsam die Präsentationskultur.

Martina Pütz persönlich

Ich bin ganzheitliche Trainerin und Coach mit den Schwerpunkten authentischer Ausdruck, kommunikative Kompetenz, natürliche Präsentation und Selbst-Sein.

Letztlich dreht sich alles um unser Selbst: Selbsterkenntnis ist die Basis für neues Selbstbewusstsein, Selbstvertrauen und Selbstwert erwachsen daraus und zeigen sich in unserem Selbstausdruck.

Seit Juli 2000 bin ich Inhaberin von be:comm Training & Coaching in Köln. be:comm steht für: „Be yourself. Express yourself." und hat das Ziel, Menschen an ihre Ressourcen zu erinnern, Impulse und Handwerkzeug für die persönliche Verbesserung zu vermitteln und aufzuzeigen, worauf es wirklich ankommt.

Die Beschäftigung mit Kommunikation zieht sich als roter Faden durch mein berufliches Leben: Ich bin Dipl.-Kommunikationswirtin (UDK Berlin), war PR-Beraterin für Ketchum Pleon (Kohtes Klewes), Kommunikationsberaterin für Dr. Klewes (k.brain) und Geschäftsführerin für brain circus Professional Trainings. Bis 2005 war ich als Dozentin an der Heinrich-Heine-Universität Düsseldorf und der Universität Leipzig tätig – Thema „Überzeugend auftreten. Erfolgreich Präsentieren".

Auch privat habe ich mich schon früh für den Austausch und die positive Interaktion zwischen Menschen interessiert und mich intensiv mit den unterschiedlichsten psychologischen Ansätzen, Heiltechniken aller Art und Selbsterfahrungsprozessen auseinander gesetzt. Meine Erkenntnisse und mein damit einhergehender persönlicher Entwicklungsprozess befähigen mich heute dazu, anderen ein klarer Spiegel, gute „Trainingspartnerin" und Impulsgeberin zu sein. Meine Haltung ist dabei geprägt von Wertschätzung und Verständnis, denn niemand von uns tut jemals etwas ohne guten Grund. Diesem „guten" Grund auf die Spur zu kommen, den anderen daran zu erinnern, was längst in ihm steckt und dann die besten Mittel zur persönlichen Weiterentwicklung anzubieten, ist mir ein Herzensanliegen. Entwicklung bedeutet für mich zu einem großen Teil, sich zu entwickeln, d.h. alte Überzeugungen und

Gelerntes infrage zu stellen und das eigene Verhaltensrepertoire zu erweitern. Meine eigene Geschichte hat mich gelehrt, dass erst die richtige Kombination aus „Ich- bzw. Selbst-Kompetenz“ und „Methoden-Kompetenz“ befähigt, neue Wege zu gehen. Beruflich wie privat.

Weitere Informationen über mich und was ich für Sie tun kann, finden Sie unter www.be-comm.de.